PESSOA E COMUNIDADE

COMENTÁRIOS: PSICOLOGIA E CIÊNCIAS DO ESPÍRITO DE EDITH STEIN

ANGELA ALES BELLO

PESSOA E COMUNIDADE

COMENTÁRIOS: PSICOLOGIA
E CIÊNCIAS DO ESPÍRITO DE EDITH STEIN

PREFÁCIO, EDIÇÃO E NOTAS DE
Miguel Mahfoud

TRADUÇÃO DE
Miguel Mahfoud
Ir. Jacinta Turolo Garcia

Pessoa e comunidade – comentários: psicologia
e ciências do espírito de Edith Stein
1ª edição
Copyright © 2015 Artesã Editora

É proibida a reprodução total ou parcial desta publicação,
para qualquer finalidade, sem autorização por escrito dos editores.
Todos os direitos desta edição são reservados à Artesã Editora.

COORDENAÇÃO EDITORIAL
Karol Oliveira

DIREÇÃO DE ARTE
Tiago Rabello

REVISÃO
Maggy de Matos

CAPA
Karol Oliveira

PROJETO GRÁFICO E DIAGRAMAÇÃO
Conrado Esteves

A371   Ales Bello, Angela, 1939-.
         Pessoa e comunidade : comentários : psicologia e ciências do espírito de Edith Stein / Angela Ales Bello ; tradução: Miguel Mahfoud, Ir. Jacinta Turolo Garcia. – Belo Horizonte : Ed. Artesã, 2015.

         160 p. ; 21 cm.

         ISBN: 978-85-88009-52-3

         1. Psicologia. 2. Educação. 3. Fenomenologia. 4. Filosofia. I. Mahfoud, Miguel. II. Garcia, Jacinta Turolo. III. Título.

         CDU 159.9

Catalogação: Aline M. Sima CRB-6/2645

IMPRESSO NO BRASIL
Printed in Brazil

ARTESÃ EDITORA LTDA.
Site: www.artesaeditora.com.br
E-mail: contato@artesaeditora.com.br
Belo Horizonte/MG

SUMÁRIO

PREFÁCIO
Das vivências ao mundo: pessoa, comunidade e ciência
com Edith Stein. A presença de Angela Ales Bello............7
de Miguel Mahfoud

INTRODUÇÃO............19

CAPÍTULO I
Vivências como ponto de partida: psique e consciência............25
I.1. Fluxo de consciência e tempo............25
I.2. Consciência de estados psíquicos e vivências............27
I.3. Causalidade psíquica e força vital............29
I.4. Força vital, estados vitais e sentimentos vitais............38
I.5. Psique, esfera passiva e consciência............43

CAPÍTULO II
Vida do espírito: sentido, razão e liberdade............51
II.1 Psique e vida do espírito: esfera ativa............51
II.2. Ato e motivação............55
II.3. Ato, motivação e conteúdo de sentido............56
II.4. Motivação, sentido e razão............59
II.5. Vida espiritual e liberdade............61
II.6. Existência, essência e *epoché*............63
II.7. Atos livres e impulsos............68
II.8. Causalidade, motivação, força vital e a constituição do sujeito...70

CAPÍTULO III
Pessoa, comunidade e sociedade............77
III.1. Vivência e experiência............77

III.2. Corpo, psique e espírito: pessoa..80
III.3. Núcleo da pessoa: princípio identitário...82
III.4. Vida do espírito e consciência da alteridade pessoal................85
III.5. Pessoa e comunidade..87
III.6. Vivência pessoal e vivência comunitária.....................................88
III.7. Massa e contágio psíquico *versus* comunidade............................94
III.8. Comunidade e sociedade..98
III.9. Núcleo da comunidade e liberdade...100
III.10. Atos livres versus impulso:
presença da alteridade pessoal e liberdade...101

CAPÍTULO IV
Psicologia: entre ciência da natureza e ciência do espírito...103
IV.1. Da estrutura da pessoa à Psicologia...103
IV.2. Ciência da natureza e ciência do espírito....................................108
IV.3. Psicologia entre ciência da natureza e ciência do espírito........109
IV.4. Cultura e História: ciências do espírito..114
IV.5. Ciências do espírito empíricas e aprioristicas.............................118
IV.6. Psicologia: ciência apriorística e empírica qualitativa................119

CAPÍTULO V
Problemas contemporâneos: contribuições de Edith Stein.............129
V.1. Pessoa, moralidade e política..129
V.2 Psicologia, Psicopatologia, Fenomenologia...................................135
V.3. Fenomenologia e psicopatologia..138
V.4. Fenomenologia e existencialismo..140

APÊNDICE
Dimensão espiritual e experiência religiosa....................................147

REFERÊNCIAS..151

PREFÁCIO
DAS VIVÊNCIAS AO MUNDO: PESSOA, COMUNIDADE E CIÊNCIA COM EDITH STEIN
A PRESENÇA DE ANGELA ALES BELLO

Miguel Mahfoud[1]

A presença da Prof.a Dr.a Angela Ales Bello em nosso país já é uma história consistente. Para além de diversos livros e artigos traduzidos no Brasil ou mesmo publicados no original italiano em periódicos nacionais, sua presença culturalmente original (anual desde 2001) se faz principalmente como *formadora*: encontros com grupos de pesquisa em todas as regiões, o entusiasmo em acompanhar os jovens, a capacidade de convidar a um aprofundamento do conhecimento a partir de qualquer estágio em que estejam os interessados, a criatividade ao propor a fenomenologia clássica de Husserl e Stein como sempre nova e associada aos desafios hodiernos...

É nesse contexto cultural rico e dinâmico de relações entre a professora da prestigiosa Pontifícia Universidade Lateranense, de Roma, e diversas universidades brasileiras que o presente livro *Pessoa e cultura: comentários a Psicologia e Ciências do Espírito de Edith Stein* vem à luz: surge como consequência de relações educativas (e o tom coloquial propositalmente

---
[1] Miguel Mahfoud é doutor em psicologia social, Professor Associado no Departamento de Psicologia da Faculdade de Filosofia e Ciências Humanas da Universidade Federal de Minas Gerais.

mantido quer dar ao leitor a possibilidade de participar delas) e como proposta de estudos continuamente por aprofundar. Este é fruto do curso de atualização "Edith Stein e a Psicologia" ministrado por Angela Ales Bello no Departamento de Psicologia da Faculdade de Filosofia e Ciências Humanas da Universidade Federal de Minas Gerais em 2006.

De fato, a obra que o leitor tem agora à mão é o terceiro livro propriamente brasileiro de Ales Bello. *Fenomenologia e ciências humanas: psicologia, história e religião*[2] e *Introdução à fenomenologia*[3], assim como este aqui apresentado, são testemunhos de cursos que a autora tem ministrado nas nossas universidades, nos quais – na relação viva com pesquisadores e estudantes brasileiros – emergem sínteses originais e fecundas. É também o caso deste novo livro. Nele encontramos um modo novo de adentrar temas sempre caros à autora, como a relação entre fenomenologia e psicologia, a fidelidade e ao mesmo tempo originalidade de Edith Stein em relação a seu mestre Edmund Husserl, a precisa identificação de relações vitais entre materialidade e vida espiritual, entre corpo-psique-espírito numa unidade indivisível na pessoa humana, a centralidade das vivências nas análises fenomenológicas. Tenho o privilégio e a honra de ser testemunha direta dessa produção brasileira da professora italiana, assim como da relação educativa frutuosa e instigante que estabelece entre nós. O trabalho de editoração de todos esses três livros é para mim ocasião de afirmar a gratidão por participar dessa rica história cultural.

---

[2] ALES BELLO, Angela. **Fenomenologia e ciências humanas:** psicologia, história e religião. Tradução e edição de Miguel Mahfoud e Marina Massimi. Bauru, SP: Edusc, 2004

[3] ALES BELLO. Angela. **Introdução à fenomenologia.** Tradução de Ir. Jacinta Turolo Garcia e Miguel, edição de Miguel Mahfoud, figuras de Silvio Motta Maximino. Bauru, SP: Edusc, 2006.

A contribuição da presença de Ales Bello no Brasil nesses anos vem impactando significativamente o modo com que se faz fenomenologia em nosso país: revê certas simplificações, possibilitando um avanço qualitativo significativo. Com sua autoridade mundial de especialista em Husserl e Stein chega a afirmar que no Brasil está se realizando o projeto de Stein mais do que tem sido possível atualmente na Europa.[4]

Um primeiro ponto a ressaltar é justamente a dificuldade de estudar a vasta obra de Husserl quando não se tem presente a *totalidade do projeto* do fundador da fenomenologia: o risco é tomar determinados aspectos da obra sem visão de sua integração no todo do seu projeto intelectual. Não é à toa que Husserl, lançando a fenomenologia, enfrentou uma infinidade de temas diversos e gerou muitos grandes discípulos que marcam a história do pensamento ocidental. Com certeza Angela Ales Bello tem este grande trunfo: nos oferece clareza do arco do desenvolvimento da obra de Husserl – e, a partir dele, também o de Edith Stein. Sem um olhar amplo não se pode apreender o significado e o valor de análises minuciosas e precisas apresentadas pelos dois fenomenólogos, comprometendo a aplicabilidade e a atualidade

---

[4] "De fato, está se realizando no Brasil o que não se consegue fazer decolar na Europa, isto é, o sonho dos fenomenólogos de oferecer uma descrição filosófica do ser humano capaz de justificar sua complexidade e de fazer compreender o sentido de pesquisas especializadas que investiguem vários aspectos sem perder sua unidade e sem reduzir pessoa a momentos específicos – o corpo ou a psique – que acabariam por ser absolutizados; mas examinar o ser humano na variedade de suas características. Estas podem ser compreendidas como elementos constitutivos, não redutíveis a mensuração, diversas segundo suas qualidades" ALES BELLO, Angela. Prefácio. In MAHFOUD, Miguel & MASSIMI, Marina (Org.s). **Edith Stein e a psicologia**: teoria e pesquisa. Belo Horizonte: Artesã, 2013, p. 12.

daquele conhecimento. Ales Bello nos tem apresentado o arco de desenvolvimento do projeto intelectual deles dois de uma forma sintética e ao mesmo tempo aberta, reconduzindo diversas facetas à grande questão de fundamentar o conhecimento de todo fenômeno por meio da análise das vivências do sujeito do conhecimento sem cair no relativismo ou etnocentrismo, sem voltar-se para o simples objeto ou para o simples sujeito, sem polarizar idealismo e realismo. Ao responder a essas questões e fundamentá-las, gerou uma multiplicidade de contribuições de Husserl e Stein aos mais diversos campos da ciência e da cultura.

Nesse sentido, uma contribuição fundamental que Ales Bello vem oferecendo aos fenomenólogos brasileiros se refere ao conceito de *vivência*, ou vivido, distinguindo-o claramente da representação e da sensação (temas amplamente trabalhados por Husserl e Stein), tomando-o como âmbito intermediário entre o eu puro e o objeto, no sujeito mas não no âmbito da empiria. A análise das vivências permite chegar aos aspectos estruturais dos fenômenos, podendo-se considerar sua estabilidade essencial, superando o relativismo.

Assim, a fenomenologia arrisca afirmar alguns elementos estruturais dos fenômenos, em experiências muito diversificadas. Se o fundamento do conhecimento fosse o acordo social ou a sensibilidade do sujeito – como muitas teorias contemporâneas o afirmam – se chegaria à formulação de conhecimento relativista, já que "meu" modo de conhecer, ou o de "meu grupo", é diferente dos demais. Não raro, encontramos trabalhos de fenomenologia defendendo posições relativistas que terminam por afirmar a impossibilidade do conhecimento, permanecendo nas percepções individuais ou circunstanciais, como se fosse defesa da autenticidade da experiência do sujeito, contrariando frontalmente o projeto original do fundador da fenomenologia sem nem mesmo problematizar tal fato. Ales Bello vem impactando nosso meio intelectual com essa ênfase na estrutura de vivência que temos em comum como seres humanos ainda que tais vivências tenham conteúdos muito diversos e sejam radicalmente individuais.

Da análise da estrutura das vivências (ainda que partindo de representação social ou de sensações) emerge um conhecimento qualitativo dos estados psíquicos para além da construção arbitrária da representação ou da variabilidade das sensações. Configura-se como um âmbito estável para se experienciar representações diversas e sensações variantes. É da análise das estruturas que se pode chegar ao sentido não relativista. Se a busca é diretamente do sentido, saltando as estruturas das vivências, acaba-se – frequentemente – afirmando a inconsistência do sentido encontrado. Ales Bello nos convida a fundamentar a análise nas vivências e assim colher a conexão estrutural entre pessoa e comunidade, entre o singular e o universal, entre o variável e o estável surpreendido no sujeito.

Temos visto no Brasil que pesquisas desenvolvidas nesses termos rigorosos acabam ganhando capacidade de compartilhamento de resultados, chegando a problematizar de modo bastante interessante o problema da generalização do conhecimento gerado em um âmbito específico. Não raro encontramos fenomenólogos renunciando a algum tipo de generalização de resultados de pesquisa, limitando-se a registrar possibilidades ou a explicitar apenas o próprio modo de ver o objeto pesquisado. Certamente, registrar possibilidades é diferente de mensurar frequências de dado fenômeno e tem enorme valor para o conhecimento sistemático; mas a generalização é possível a partir da estrutura da vivência, quando posso conceber que um aspecto estrutural tenha estabilidade qualitativa dentro de diversas variabilidades empíricas. Assim, podemos continuar esperando um nível espiritual da experiência de todo grupo humano, sem renunciar à crítica ou sem abandonar solicitações éticas apreendidas no encontro com alteridades as mais diversas. Assim, podemos continuar a mirar o elemento estrutural contemplando todas as diferenças. Podemos nos propor a defender os direitos humanos dos povos e pessoas ainda por conhecer, qualquer que seja a manifestação em que o humano venha a se apresentar, podendo ser críticos a toda forma de experiência que não dê conta de acolher o que emerge como estruturalmente humano. Assim, podemos continuar a esperar a possibilidade de abertura real e autêntica ao diferente, sem relativizar, sem aceitar que quem detenha o poder domine com seu modo de ver e com seus interesses próprios. Podemos mirar elementos críticos e éticos nas relações justamente a partir do que é estrutural nas experiências.

Chegamos a mais um ponto de contribuição clara de Ales Bello: reflexões fundamentadas filosoficamente e análises rigorosas não significam encerrar-se num horizonte abstrato; mas podem ser possibilidades de acesso às estruturas da vida como acontecimento, à experiência, à consciência das vivências.

A atividade filosófica de Ales Bello entre nós tem esse teor. Não apenas seus textos, mas sua presença mesma tem sido provocadora nesse sentido, gerando cuidado com a própria experiência e com o próprio trabalho por parte de muitos. Assim, ela se configura, em seu trabalho intelectual, como mestra para grupos que trabalham em perspectivas muito diferentes entre si e com formação básica das mais variadas. A partir de elementos estruturais nucleares, ela – assim como as pesquisas fenomenológicas – favorece expressões muito diversas.

Temos clareza do valor de tal posição intelectual não abstrata quando comparamos com posições em que, pelo contrário, coloca-se tanta ênfase no caráter epistemológico da análise fenomenológica que temem tomar a experiência empírica para análise das vivências, quando o pseudo-intelectual declara-se juiz de tudo e de todos, continuamente apontando a insuficiência das análises realizadas por outros, mantendo-se forçosamente na abstração e tornando o trabalho intelectual um instrumento de poder para os próprios interesses. De fato, são os mestres que favorecem o aprofundamento contínuo das buscas intelectuais como experiência humana, na comunhão com tantos homens. São os pretensos intelectuais os que se mantêm na abstração em que se auto-afirmam individualmente ou entre seus pares, agregando por estratégias políticas mais do que por afinidades humanamente reconhecidas que formam e aproximam grupos de pesquisa. Felizmente, temos mestres. Felizmente, a vida intelectual avança por acontecimentos de vida.

Tal posição intelectual viva e aberta favorece o estruturar-se da ciência em bases fenomenológicas, da fenomenologia que não deixe de lado a experiência empírica.

A clareza quanto à centralidade das vivências tem dado condições de enfrentamento da delicada questão do *idealismo* na fenomenologia. A expressão assume frequentemente tonalidade de acusação e reprovação nos ambientes universitários brasileiros, ainda que não se conheça o seu significado. Ales Bello tem contribuído ao falar de um realismo fenomenológico, superando a significação do realismo ingênuo. De fato, não bastaria projeção de uma compreensão sobre o real, não bastaria formular o modo como alguém chega a conceber algo: o desafio é maior. Quando Husserl conclui que o fundamento de todo conhecimento é a consciência intencional não significa afirmar que ela modula o real ou que este passe a existir a partir da consciência dele. O fundador da fenomenologia tematiza que se possa tomar conhecimento do real na medida em que ele esteja presente ao sujeito da experiência. Sem beber dessa contribuição corre-se o risco de não reconhecer novas formas de idealismo propostas atualmente (por exemplo, certa absolutização da linguagem como constituidora da experiência do mundo), mantendo-nos atados à abstração, sem responder às provocações que nosso momento histórico-cultural nos faz.

Tal debate é de crucial importância não somente no âmbito interno à fenomenologia mas também na cultura mais ampla em que vivemos: o problema da constituição do mundo, a função da linguagem, a importância da consciência...

Outro ponto de impacto significativo no nosso contexto intelectual universitário que a presença de Ales Bello vem promovendo é a perda do receio de se falar em *essência*. Frequentemente as discussões em aulas e debates emperram no questionamento se há ou não essência, inviabilizando avanços em vários campos do saber, evidenciando uma urgência do enfrentamento adequado do tema, que permanece vivo como ferida aberta. A insistência de alguns ao afirmar que esse seja um tema superado, não procede. Podemos falar em essência como estrutura fundamental do fenômeno que permanece frente às suas infinitas variações, tomada como elementos descritíveis indispensáveis para que tal fenômeno seja o que é. Tal horizonte essencial é fundamental para que indivíduos em suas existências delimitadas e variantes possam ser tomados como seres humanos, como pessoa. Permite também que em nossas análises possamos aceitar a enorme gama de modos do acontecimento-pessoa. Assim supera-se a mais que corriqueira metáfora da busca da inexistente essência no interior da cebola, por retirada de suas diversas camadas. De fato, essência não seria algo além das camadas a serem descartadas, mas está presente em cada fragmento da cebola enquanto possa ser reconhecida justamente como cebola. É mais um exemplo de como professores e alunos podem ficar atados a imagens preconceituosamente transmitidas e exemplo da urgência de se fazer análises aprofundadas das vivências, com liberdade de espírito para liberdade de experiência.

Outro preconceito de que a fenomenologia frequentemente é alvo em nosso contexto universitário brasileiro e para cujo esclarecimento a Prof.a Angela Ales Bello tem contribuído é o de que a fenomenologia perde de vista os *processos históricos*. A fenomenóloga aponta como Husserl e Stein trabalharam profundamente a questão da história. A esta altura dos acontecimentos, continuar a insistir nessa concepção é, no mínimo, um retrocesso. Conhecer o fenômeno é justamente superar a atitude natural e tomar consciência de sua constituição; a análise é descrição do processo de sua construção, o qual está inserido numa comunidade histórica, certa estrutura de mundo-da-vida. A estrutura do fenômeno é dinâmica, de modo que quando se fala da "estrutura da pessoa humana" refere-se ao estruturar-se. O elemento propriamente humano é uma dinâmica de estruturação, uma abertura constitutiva, sempre em devir, que se manifesta em processos efetivos.

Tomando nas mãos temas e suas relações intrínsecas como pessoa e mundo, subjetividade e universalidade, essência e história, relativismo e subjetivismo, entra-se também no grande tema da cultura. Tomar o fenômeno do ponto de vista da vivência, significa tomar a vivência assim como ela se dá na pessoa em seu mundo-da-vida. O mundo da vida tem uma estrutura própria, mas ele não se dá sem a elaboração dos sujeitos. E não há possibilidade de apreender o sujeito a não ser no seu pôr-se no mundo. Assim, no mesmo ato podemos analisar o mundo se formando e a pessoa se pondo.

Um último aspecto que eu gostaria de apontar quanto às contribuições de Ales Bello no nosso contexto brasileiro se refere à *experiência religiosa*. Dentro dos pontos anteriormente indicados, a experiência religiosa pode ser tomada por vivências ligadas às transcendência e à imanência contemporaneamente. É uma experiência baseada na estrutura da pessoa em sua relação com o mundo, inclusive com sua dimensão material (vide tema da hilética) e toma parte na estruturação pessoal por se efetivar na resposta que se dá ao que se encontra, justamente na dinâmica entre pessoa e mundo. Tal experiência tem particular importância quanto a significados de totalidade. E as respostas de cada cultura sobre esse problema da totalidade abrem o campo para a experiência religiosa em sua grande diversidade e em sua grande unidade. Tal abordagem evidenciada por Ales Bello permite colher a integração profunda entre pessoa e mundo, pessoa e contexto cultural, pessoa e propostas religiosas já formuladas quando a pessoa entra no mundo-da-vida. A análise dessa relação pessoa-mundo permite colher de modo dinâmico a construção de si mesmo por parte dos sujeitos.

Pois bem, cada um desses pontos são revisitados em *Pessoa e comunidade – comentários: a Psicologia e Ciências do Espírito de Edith Stein* de Angela Ales Bello. Aqui o leitor recebe indicações para uma leitura precisa da obra steiniana sobre a característica fundamental da psicologia partindo da análise das vivências, identificando as distinções e inter-relações entre corpo-psique-espírito e a importância do núcleo pessoal de modo que somos convidados a nos deixar interrogar pelo acontecer vivo do ser humano aceitando os convites para identificar os momentos gerais, os momentos propriamente pessoais, a participação da alteridade nesse processo, as formas de associação humana e o papel da pessoalidade para a constituição das comunidades; as relações humanas estruturadas como massa devido à grave retirada das atividades do espírito, deixando aberta a possibilidade de manipulação por parte de líderes que se utilizem de causalidades psíquicas para condução da massa em direção a interesses próprios. Ao contrário, a ênfase se dá na responsabilidade pessoal e social diante dos destinos de cada pessoa, das comunidades, das sociedades, dos povos e de seus Estados, responsabilidade vivida também diante da transcendência, na experiência religiosa. Vemos assim a profunda interligação entre esses diversos temas, explicitada continuamente por Ales Bello ao longo desta obra. Vemos o projeto total de Husserl e Stein reproposto em sua amplitude no exame da pessoa e da psicologia como área da ciência desafiada a dar conta de sua complexidade.

Não posso encerrar este Prefácio sem expressar agradecimento especial aos alunos que colaboraram arduamente para transformar as aulas da Prof.a Angela Ales Bello em livro. Refiro-me a Thiago Márcio Silva e Faria, Camila Canielo e Cláudia Coscarelli Salum, que cuidaram da transcrição das gravações em áudio e a Ana Cláudia Bernardes Guimarães, que fez um cuidadoso trabalho de revisão e estruturação inicial do texto. Agradeço também a colaboração de Andréia Pérsico Mahfoud no trabalho de edição final do presente texto. Sem o apoio dessas pessoas que se dedicaram com afeição, inteligência e ideal este livro não seria possível.

O desafio a uma apreensão da pessoa em sua complexidade própria e de uma psicologia à sua altura está relançado. Boa leitura. Bom trabalho. Boa resposta na vida e na atividade científica.

INTRODUÇÃO

O presente livro tem o objetivo de comentar e introduzir ao estudo da importante obra de Edith Stein (★1891 – †1942) intitulada *Psicologia e ciências do espírito: contribuições para uma fundamentação filosófica*.[5] Publicada originalmente em 1922 – quando a jovem fenomenóloga trabalhava como assistente de Edmund Husserl (★1859 – †1938) na Universidade de Göttingen, na Alemanha –, visava ser uma contribuição ao debate travado na época – e desde então nunca superado – sobre o que vem a ser a psique, qual seu lugar na fundamentação do conhecimento e qual seria a especificidade da ciência da psique da pessoa humana.

Como participante do "Círculo de Göttingen", formado pelos principais discípulos de Husserl em torno do mestre, Edith Stein conheceu profundamente a proposta fenomenológica; e como assistente dele chegou a assumir a responsabilidade de transcrever manuscritos estenografados e redigir livros do fundador da fenomenologia. Dois destes

---

[5] STEIN, Edith. **Psicologia e scienze dello spirito**: contibuti per una fondazione filosofica. Apresentação di A. Ales Bello, tradução de A. M. Pezzella. Roma: Città Nuova, 1999.
É da edição italiana que as citações daquele livro foram traduzidas ao português na presente obra.

livros são bem conhecidos: o segundo volume das *Ideias para uma fenomenologia pura e uma filosofia fenomenológica*[6] e *Lições para uma fenomenologia da consciência interna do tempo*.[7] *Ideias II* versa sobre antropologia filosófica. *Lições sobre o tempo* oferece fundamento tanto para Martin Heidegger (★1889 – †1976) escrever *Ser e tempo*[8] (tendo também ele redigido uma versão daquelas *Lições*[9] de Husserl) como para Edith Stein formular o livro que aqui comentaremos: *Psicologia e ciências do espírito*.

De fato, na "Introdução" de *Psicologia e ciências do espírito*, Stein explicita: "sigo as pesquisas de Husserl no que se refere à consciência originária do tempo e espero ter a aprovação dele quanto a este modo de proceder".[10] É mais um testemunho da profunda relação intelectual que os unia.

Apesar disso, à época, Edith Stein não era muito conhecida: mulheres tinham poucas chances de lecionar nas universidades alemãs, tendo ela ido se dedicar a formação de professores no Instituto Alemão de Pedagogia Científica – instituição católica, de nível universitário, não estatal, em Münster – permanecendo ali por pouco tempo pois em 1933 foi proibida de lecionar devido às leis raciais nazistas que passaram a vigorar contra a presença de judeus na

---

[6] HUSSERL, Edmund. **Idee per una fenomenologia pura e una filosofia fenomenologica**. V. II, Livro II e III. Editoria de V. Costa, tradução de E. Filippini. Torino: Einaudi, 2002.

[7] HUSSERL, Edmund. **Lições para uma fenomenologia da consciência interna do tempo**. Tradução, introdução e notas de Pedro M. S. Alves. Lisboa: Imprensa Nacional; Casa da Moeda, 1994.

[8] HEIDEGGER, Martin. **Ser e tempo**. Tradução de M. Sá Cavalcante. Petrópolis, RJ: Vozes, 1993. 2 v. (Coleção Pensamento Humano).

[9] A versão redigida por Heidegger de *Lições sobre o tempo* foi originalmente publicada como HEIDEGGER, Martin. Vorlesungen zur Phänomenologie des innren Zeitbewusstseins. **Jahrbuch für Philosophie und phänomenologische Forschung**, Freiburg, v. IX, pp. 367-490, 1928.

[10] STEIN, Edith. **Psicologia e scienze dello spirito...**, op. cit., p. 44.

educação, inclusive nas instituições privadas reconhecidas pelo Estado.[11] Assim, naquele ano Edith Stein decide entrar para um mosteiro de clausura carmelita.

O livro *Psicologia e ciências do espírito*[12] é composto de uma primeira parte intitulada "Causalidade psíquica", onde contribui com diversas argumentações de debates travados em relação à psicologia de seu tempo. Note que Stein cita textualmente vários autores com quem trava debate apontando importantes discordâncias: Brentano, Münsterberg e Natorp por confundirem consciência e psique; D. von Hildebrand por limitar o conceito de vivência a vividos de conteúdo egológico. Cita também alguns autores como pontos de apoio ou concordância para suas posições quanto à causalidade psíquica: além de Husserl, o filósofo Hume quanto a interioridade como ponto de partida, indicando a autora Erika Gothe como comentadora de tal argumento; o filósofo Henri Bergson pela boa distinção entre consciência e psique; o filósofo Max Scheler pela percepção interna e ilusão; o psicólogo Theodor Lipps sobre as concepções de força vital e psicologia; o psicólogo William James sobre a formação das capacidades; além de Conrad-Martius e Reinach, seus colegas do Círculo de Göttingen.[13]

Partindo do fato que algumas correntes da psicologia estavam mencionando justamente a causalidade psíquica, ela prepara o texto para demonstrar se a causalidade psíquica existe ou não. Começa do fluxo de consciência que se inicia entre as vivências e expõe as análises que fundamentam a existência de causalidade psíquica. Evidencia que entre as

---

[11] Cf. ALES BELLO, Angelo & CHENAUX, Philippe (Org.s). **Edith Stein e il nazismo**. Roma: Città Nuova, 2005.

[12] STEIN, Edith. **Psicologia e scienze dello spirito...**, op. cit.

[13] Cf. STEIN, Edith. **Psicologia e scienze dello spirito...**, op. cit., pp.39-71

vivências não há causalidade, pois são registros de consciência de estados psíquicos, enquanto a causalidade se dá na psique e na força vital. Justifica que se fale de causalidade referida apenas à parte real da psique. De fato, chegou a se interrogar sobre a existência de uma causalidade no âmbito das vivências puras, e a resposta é que não existe essa causalidade entre as vivências, embora exista na realidade psíquica.[14] E ali distingue consciência e psique: a psique tem mecanismo com leis causais.[15] Essa é a parte da passividade, ainda que seja uma passividade conhecida por meio das vivências.

Em seguida, ainda na primeira parte de *Psicologia e ciências do espírito*, Stein analisa a parte da atividade: a vida espiritual e a motivação como sua lei fundamental.[16] De fato, Stein considera a motivação como lei fundamental da vida espiritual e a motivação no âmbito de "voltar-se a", e "ir ao encontro de". Analisa a tomada de posição espontânea e a aceitação e rejeição como atos livres com motivação forte.

Da análise do indivíduo singularmente considerado, Stein os toma para chegar a aspectos universais: as leis fundamentais da vida psíquica.

Na segunda parte de *Psicologia e ciências do espírito*, intitulada "Indivíduo e Comunidade", a partir da análise da comunidade, Stein examina em termos novos a diferença entre atos livres e impulso. A consideração dos atos abre caminho para a análise da relação com os outros, a ajuda

---

[14] Cf. STEIN, Edith. **Psicologia e scienze dello spirito...**, op. cit., particularmente na Parte I, cap. 1 "A causalidade no âmbito das vivências puras" e cap. 2 "A realidade psíquica e a causalidade".

[15] Ibid. cap. 2: 2.1 "A consciência e o psíquico", 2.2 "O mecanismo psíquico" e 2.3 "As leis causais e a determinação do psíquico".

[16] Ibid. cap. 3 "A vida espiritual e a motivação".

dos outros e aos outros, especialmente em formas comunitárias. São fundamentais porque dão uma *força espiritual* que pode sustentar a pessoa em certas situações de dificuldade. E fundamenta que não há determinismo neste campo.

Cada ser humano tem estruturas semelhantes àquelas de outrem, ou seja, estruturalmente somos iguais; porém, cada um de nós ativa as estruturas, a cada vez, de maneiras pessoais.

As relações e a diversas formas de participação pessoal nelas são pontos de análise de formas associativas: comunidade, massa, sociedade, povo e Estado.

Mencionar principalmente a psique e o espírito foi escolha ligada às posições da época quanto à *psicologia*, muito discutidas como nova ciência. E *ciências do espírito* são todas as ciências que estudam a atividade espiritual humana: direito, história etc. Havia um grande debate, naquela época, para compreender o que são estas ciências e que atividade é a psicologia. Pensava-se também em utilizar a psicologia para compreender até mesmo as ciências do espírito, e Stein acentua que a dimensão do espírito é uma dimensão diferente da psique, com argumentações muito precisas.

Cada ciência deve saber que existem outras dimensões além das suas específicas, para evitar uma visão unilateral. O que chamamos de psique e espírito trata-se de uma visão que no tempo do positivismo forte – época em que ela vivia – sua visão unilateral era muito difundida: a visão materialista. Havia os que afirmavam haver somente a psique ou mesmo afirmavam ser a parte corpórea a única que realmente importa. Daí o valor da fundamentação da psicologia como ciência entre as ciências naturais e a ciências do espírito, porque a estrutura da pessoa humana é complexa.

No desenvolvimento do presente livro, veremos a fundamentação de cada uma dessas passagens.

CAPÍTULO I
VIVÊNCIAS COMO PONTO DE PARTIDA: PSIQUE E CONSCIÊNCIA

I.1. Fluxo de consciência e tempo

O primeiro parágrafo do livro *Psicologia e ciências do espírito* de Edith Stein tem como título "Fluxo de consciência originário e constituído".[17] Nota-se, desde o princípio, que a obra tem grande vínculo com as *Lições sobre o tempo*[18] de Husserl: podemos falar em fluxo porque no presente está conservado algo daquilo que passou, e o que está conservado no presente nos diz que haverá algo em seguida: há um fluir, um fluxo de consciência do que vivemos.

E por que fluxo de consciência "constituído"? O fluxo do que vivemos na consciência permite falar de tempo, o determina. O fluxo já está constituído originalmente; não é o tempo que viria antes e constituiria o fluxo.

Nesse sentido,

> o fluxo da consciência originário é um puro devir; dali flui o viver, o novo se acrescentando em uma produção

---

[17] STEIN, Edith. **Psicologia e scienze dello spirito**: contibuti per una fondazione filosofica. Apresentação di A. Ales Bello, tradução de A. M. Pezzella. Roma: Città Nuova, 1999, p. 45.

[18] HUSSERL, Edmund. **Lições para uma fenomenologia da consciência interna do tempo**. Tradução, introdução e notas de P. M. S. Alves. Lisboa: Imprensa Nacional; Casa da Moeda, 1994.

contínua, sem que possamos dizer de onde aquilo em devir vem a ser produzido, ou seja, causado.[19]

Esse fluxo seria formado por anéis de uma corrente ou se trata de um *continuum*? A imagem da corrente remete a anéis encadeados, um após outro. Ao invés, a imagem de fluxo como água fluindo não comporta anéis interligados. As vivências não são anéis de uma corrente, mas são o fluxo mesmo.

Então,

> como chegamos a falar de vivências "no" fluxo? Como falamos de relação ou conexão dessas vivências? (...) Antes responder devemos observar ainda mais de perto este produto específico, isto é, o fluxo contínuo e a modalidade do devir que nele se apresenta.[20]

O fluxo é um contínuo, mas tem fases. Stein relata que "não há uma divisão entre as fases como se, com o advir de cada nova fase, a anterior se esvanecesse desaparecendo no nada. Se assim fosse, teríamos sempre uma única fase e não se poderia produzir fluxo unitário algum"[21]. Portanto, trata-se de um fluxo com fases (não de encadeamento) de modo tal que cada fase pressupõe as anteriores e prevê algumas futuras (ainda que não se possam dizer quais), sendo, cada fase, nova; cada momento é uma novidade imprevisível.

Façamos um exemplo trivial: podemos prever qual será nosso estado de ânimo daqui a uma hora? Sabemos que estaremos em algum estado de ânimo, mas qual? Terá vínculos com o passado, certamente; mas não há previsibilidade segura em relação ao futuro.

---

[19] STEIN, Edith. **Psicologia e scienze dello spirito**..., op. cit., p. 45.
[20] Ibid.
[21] Ibid.

I.2. Consciência de estados psíquicos e vivências

Estamos tratando do fluxo das vivências e nos referimos a um aspecto específico pelo qual nos damos conta delas: uma questão fundamental é que devemos iniciar nossa reflexão pelas vivências das quais estamos cônscios. Não podemos começar por qualquer outro ponto, a não ser de nós mesmos; de "nós mesmos" como "nos damos conta de estar vivendo algo".

Tal dimensão de "nós mesmos" é muito específica e não se identifica com a psique: o fluxo de consciência não é a psique. Os estados psíquicos são apreendidos por atos de consciência.[22]

Leve em consideração que "consciência" não significa que a cada momento estejamos refletindo sobre os atos, mas quer dizer que sabemos, estamos cônscios do que está acontecendo por estarmos vivendo. Vivemos essa consciência mesmo quando não estamos refletindo sobre a vivência.[23] Ao ver as coisas, estamos cônscios de vê-las. Temos consciência de estar aqui.

---

[22] Tal clarificação é uma novidade trazida pela fenomenologia. Cf. HUSSERL, Edmund. **Idee per una fenomenologia pura e una filosofia fenomenologica.** Vol. II, Livro II e III. Editoração de V. Costa, tradução de E. Filippini. Torino: Einaudi, 2002. Particularmente a Terceira Seção, §§48-64: "A constituição do mundo espiritual".
Cf. também HUSSERL, Edmund. **Investigações lógicas.** Segundo volume, parte I: Investigações para a fenomenologia e a teoria do conhecimento. Tradução de Pedro M. S. Alves e Carlos Aurélio Morujão. Lisboa: Centro de Filosofia da Universidade de Lisboa, 2007. Particularmente o Primeiro capítulo da V investigação: "Consciência como consistência fenomenológica do eu e a consciência como percepção interna" (pp. 377 - 398).

[23] Cf. HUSSERL, Edmund. **Idee per una fenomenologia pura...** Vol. II. op. cit. Particularmente o §58: "Constituição do eu pessoal antes da reflexão".

Isso ocorre quando estamos acordados, em vigília. Dormindo, não. Às vezes, enquanto estamos sonhando chegamos a ter consciência de estar sonhando. Vivemos sensações e vemos imagens, no sonho: trata-se de atividade da psique. Quando dormimos, a psique está ativa e os estados de ânimo se dão sem controle algum. Freud considera a importância dos sonhos justamente porque neles manifestamos uma atividade psíquica mais livre do que em vigília.

Para a fenomenologia, consciência não é questão de reflexão, que é uma atividade específica de consciência.[24] Há uma vida da consciência enquanto se dá o registro – em níveis diversos – do que vivenciamos. Assim, compreendemos que a consciência não se identifica com a psique.

Tomemos o vidro da janela como comparação: olhando pela janela fechada com vidro transparente podemos observar pessoas num jardim. Podemos descrever: pessoas – algumas de amarelo, outras de verde -, flores, árvores... Não colocamos o vidro na lista do que descrevemos, não dizemos "ali está o vidro", embora ele esteja. O fluxo de consciência é como o vidro. Normalmente, não nos interessamos por ele, mas pelas pessoas e coisas que estão além

---

[24] Sobre "reflexão" cf.:
HUSSERL, Edmund. **Idéias para uma fenomenologia pura e uma filosofia fenomenológica**: introdução geral à fenomenologia pura. Prefácio de Carlos Alberto Ribeiro de Mouro, tradução de M. Suzuki. Aparecida, SP: Idéias & Letras, 2006. Particularmente o §38 "Reflexão sobre atos";
HUSSERL, Edmund. **Idee per una fenomenologia pura...** Vol. II. op. cit. Particularmente §57 "O eu puro e o eu pessoal como objeto da auto-apercepção reflexiva";
HUSSERL, Edmund. **Fenomenologia e teoria della conoscenza**. Introdução, tradução e notas de P. Volonté. Milano: Bompiani, 2000. Particularmente §16 "A reflexão natural (psicológica), §22 "A consciência pura e a reflexão fenomenológica", §24 "A reflexão na fantasia".

dele. Poderíamos também nos interessar pelo objeto "psique", sem enfocar a consciência que está presente como o vidro transparente que permite nossa visão do objeto. Se ao invés de vidro houvesse ali uma parede, não veríamos o objeto. Também nosso objeto de interesse "psique" – estando do lado de lá do vidro-consciência –, é acessível a nós justamente por meio deste último. Há, então, uma duplicidade consciência-psique.

I.3. Causalidade psíquica e força vital

Descrevamos, agora, o que acontece na psique. Stein se pergunta se há causalidade psíquica. Para esclarecer o que seja causalidade psíquica tomemos um exemplo da própria Stein:

> Quando estou cansada, o fluxo vital parece – digamos assim – se bloquear; arrasta-se preguiçosamente e tudo o que entra nos vários campos dos sentidos é influenciado por esse cansaço: as cores, meio pálidas; os sons, meio afônicos; cada "impressão", cada dado que se impôs ao fluxo vital – por assim dizer – contra a vontade, é doloroso, indesejado; cada cor, cada som, cada contato incomoda.[25]

Um barulho acontecendo agora, por exemplo, nós não o buscamos, ele se impõe a nós. Quando cansados, nos atrapalha; se tranquilos, não nos afeta assim. Superado o cansaço, "readquirido o frescor, o fluxo começa a pulsar com vivacidade [como o coração] (...) e tudo o que se apresenta traz consigo somente o sopro do frescor e da alegria".[26] Então podemos falar de causalidade? Em que sentido haveria causalidade na esfera da psique? O fato de aquele barulho determinar algo em mim revela uma relação de causalidade ou não?

---

[25] STEIN, Edith. **Psicologia e scienze dello spirito**..., op. cit., p. 50.
[26] Ibid., pp. 50- 51.

Para responder a essas questões sobre a psique, Stein formula uma comparação referindo-se ao mundo físico. Há relação de causalidade entre consciência e mundo físico, porque a consciência contém vivências que se formulam na relação com ele — como a percepção: podemos ouvir um barulho agora por envolver o nosso corpo, afetar meus ouvidos. Porém, ao dizer "esse barulho me atrapalha" ou "não está me incomodando" nos referimos ao efeito psíquico daquele barulho. Portanto, a dimensão corpórea permite que percebamos e essa vivência determina reações psíquicas, além de reações físicas. Stein analisa a relação entre o som e o que acontece na esfera psíquica, conhecida por meio da consciência (O som faz parte do mundo físico e nós o percebemos como algo de caráter físico, fora de nós).

Avancemos na reflexão utilizando outro exemplo de algo que está fora de nós: com um objeto empurro um outro: por que o segundo se move? Por relação de causalidade do mundo físico. Stein dá o exemplo de uma bola que, rolando, coloca uma outra em movimento: o movimento da segunda depende da violência do choque.

E o impulso que acontece em mim no nível psíquico?

> Como uma bola, ao rolar, coloca outra em movimento ao chocar-se com ela, ou como o movimento acionado depende — quanto a direção e velocidade — da "violência" do choque, da direção e da velocidade do movimento que aciona, do mesmo modo o "impulso" que nasce na esfera vital [ou seja, que não é da esfera física] determina a modalidade do curso da vivência específica. E não apenas a qualidade mas também a "força" do efeito depende da causa.[27]

Outro exemplo, mais simples: ouvindo um barulho forte, teríamos diversas reações, ligadas a certo mal-estar.

---

[27] Ibid., p. 51.

Menos forte, o barulho ainda causaria mal-estar; mas sendo fortíssimo, ainda mais. Nesse caso, podemos afirmar que a qualidade do som (barulho) determina um impulso na esfera vital (mal-estar) e determina também a força do efeito (barulho mais forte leva a mal-estar mais intenso).

O que acontece com as bolas no mundo físico acontece também na dimensão interna: há uma relação. Mas qual a diferença? No caso do impulso na pessoa, a força não é mensurável; no campo físico, sim. Desde Galileu Galilei (★1564 – †1642), pensamos que a força que move uma bola e chega a empurrar outra seja mensurável.[28] Ao demonstrar que na dimensão psíquica não é possível medir a força, Edith Stein toma uma posição contrária à concepção da época que buscava sua mensuração calculando a relação entre intensidade de estímulos (de luz ou som, por exemplo) e reação psíquica, formulando diagramas.[29] Stein não nega essa possibilidade, mas interroga: Tal procedimento permite conhecer o que acontece no sujeito? Pode-se, desse modo, estabelecer a quantidade do impulso do nível psíquico? O que acontece dentro da esfera vital?

> Estamos lidando com um *continuum* de graus de vitalidade, no qual o vigor e o cansaço ocupam um lugar semelhante ao do calor e do frio no âmbito da temperatura, ou da grandeza ou pequenez no âmbito das medidas. Todavia, não se trata de uma escala caracterizada simplesmente por duas qualidades de impressões contrapostas. Além do vigor

---

[28] Galieu Galilei examinou o movimento num plano inclinado e chegou a identificar a fórmula da aceleração, dando início à ciência Física.

[29] Recorde-se que o texto de Edith Stein que ora examinamos é originalmente datado de 1922 e que Wilhem Wundt, (considerado o fundador da psicologia científica ao fundar o laboratório de psicologia no Instituto Experimental de Psicologia da Universidade de Leipzig, na Alemanha) vem a falecer em 1920.

e do cansaço há, por exemplo, o estado de super-excitação e o de excitabilidade, no qual o sentido e a sensação parecem tão aguçados a ponto de captar todas as impressões.[30]

Temos graus de vitalidade que vão – em uma escala muito ampla – desde uma situação passiva à de máxima atividade. Pensemos, por exemplo, nas drogas que podem provocar essas sensações de grande excitação. Procurando entender o que acontece na dimensão psíquica, Stein examina diversas situações, procurando formar um quadro completo:

> Na sensação de cor, a cor de uma coisa se mostra como um seu estado ótico momentâneo; na mudança desse estado mostra-se a qualidade ótica durável. Do mesmo modo, no sentimento vital se apresenta o estado atual do meu eu – seu estado vital – e na variação desses estados se mostra uma qualidade real persistente: a *força vital*.[31]

Nesse sentido, a esfera vital – enquanto esfera psíquica – tem uma força vital.[32] Como é que me dou conta disso? Porque tenho consciência dos estados que vivo e dos sentimentos vitais que estou vivenciando (como o vigor, o cansaço, a excitação). O mal-estar que vivo por causa de um barulho é um estado psíquico; a consciência dele é o que

---

[30] STEIN, Edith. **Psicologia e scienze dello spirito**..., op. cit., p. 54.

[31] Ibid., p. 57.

[32] Depois de apresentar a questão da força vital em *Psicologia e ciências do espírito*, Edith Stein retoma e desenvolve o tema em *Introdução à filosofia*, em *Potência e ato* e em *Estrutura da pessoa humana*. Cf.:
STEIN, Edith. **Introduzione alla filosofia**. Tradução de Anna Maria Pezzella. Roma: Città Nuova, 2001.
STEIN, Edith. **Potenza e atto**: studi per uma filosofia dell´essere. Tradução de A. Caputo. Roma: Città Nuova, 2003.
STEIN, Edith. **La struttura della persona umana**. Tradução de Michelle D´Ambra. Roma: Città Nuova, 2000.

me permite dizer que estou com mal-estar. Por meio disso, entendo que na minha esfera vital tenho uma força vital que é o substrato de toda a esfera psíquica.

Então, como se pode falar de causalidade?

> O fato de as energias serem fornecidas à força vital ou tiradas dela é a "causa" do processo psíquico; o "efeito" consiste na mudança das outras qualidades psíquicas.[33]

Ou seja, o processo psíquico está ligado à força vital: quando as energias são dadas significa que a força vital está ativa; quando, ao invés, as energias são tiradas, então, a força vital não está ativa naquela direção. Dessa forma, a força vital é o substrato último ao qual é preciso se referir para compreender as mudanças dos estados psíquicos. Existe, com certeza, uma espécie de mecanismo psíquico que depende da força vital, força esta que caracteriza a esfera vital e está sempre no âmbito das mudanças qualitativas (ou seja, não é mensurável).

> O acontecer psíquico causal no seu conjunto pode ser tomado como um volume de força vital no viver atual e como um dispêndio de força vital que se consome no viver atual. Neste caso, a força vital e suas modificações ocupam um lugar verdadeiramente singular na constituição da psique. (...) A esfera vital forma um substrato do fluxo de vivências, o qual ela sustenta e do qual ela surgiu.[34]

Estamos no núcleo da questão. Podemos falar em vivências psíquicas, mas essas não são as vivências da consciência. O conceito de vivência é muito importante e frequentemente é usado como vivência psíquica (que se refere a vigor, estado de ânimo, sentimento vital). Não

---

[33] Ibid., p. 59.
[34] Ibid., p. 61.

é propriamente errado: posso dizer que estou vivenciando certo estado de ânimo – um mal-estar, por exemplo – em relação a determinado som – nós o vivemos na esfera psíquica. Mas o termo vivência tem duas valências: a) a vivência que está na esfera psíquica, caracterizada pela força vital (além do "vidro-consciência"); b) a vivência da consciência (vivência do próprio "vidro-consciência"). Por meio da vivência da consciência nos damos conta do que acontece na esfera psíquica; e na esfera psíquica descobrimos uma força vital que permite à psique proceder num processo de causalidade não-mensurável.

Então, existe uma causalidade psíquica que envolve a força vital – o emergir da força vital e o atenuar-se dela.

Para entender a causalidade da esfera psíquica, tomemos o seguinte trecho de Stein:

> Se a força vital for utilizada por um certo tempo principalmente para captar sons, a escuta vai ficando sempre mais fácil e pode chegar a ser realizada sem esforço.[35]

É o que acontece quando estamos aprendendo uma língua estrangeira: inicialmente colocamos muita força vital ao utilizá-la, mas com o tempo já não precisamos colocar tanta força.

> Com o "exercício" e o "hábito", a força vital terá formado uma capacidade receptiva para esses conteúdos específicos; uma parte da força vital será empregada – digamos assim – para certa atividade em determinada direção.[36]

Com essa argumentação podemos examinar, por exemplo, os acontecimentos frequentes e importantes

---

[35] Ibid., p. 64.
[36] Ibid.

no processo de aprendizagem quanto a conseguir ou não aprender.

E Stein continua:

> Se, pelo contrário, a consciência se dedicasse às cores e ao som na mesma medida, a força vital deveria agir em diversas direções e não seria suficiente para cada uma das duas capacidades – sendo que seria suficiente se apenas uma delas fosse desenvolvida. O processo de "aperfeiçoamento" da "capacidade" dura até que o desvio da força vital na vida atual seja sentido como um esforço; ele se completa quando a capacidade receptiva atua sem fadiga.[37]

Assim, enquanto estamos aprendendo uma língua ou um instrumento musical, chegar a certo nível demanda grande esforço. Quando aprendemos de fato aquela língua ou instrumento, a força vital capta sem esforço aquele som. Aí então

> a capacidade teria se formado – digamos assim – como autônoma, e a vida atual relativa a seu âmbito seguirá adiante às custas dela, ao invés de seguir às custas da força vital.[38]

Por isso, coloquialmente dizemos "vai adiante quase por si mesma" ou "automaticamente".

Acontece algo semelhante enquanto dirigimos automóveis: não ficamos pensando a todo momento no que fazer, quando já aprendemos; podemos dirigir sem colocar tanto esforço de atenção e assim podemos nos ater a outras coisas ao mesmo tempo em que guiamos.

> A psique (...) se manifesta como um mecanismo que se regula automaticamente; baseada na sua constituição, ela

---

[37] Ibid., pp. 64-65.
[38] Ibid., p. 65.

se adapta a uma série de funções diversas, mas cabe a ela somente uma quantidade limitada de força motriz.[39]

A quantidade de força vital é limitada: utilizada em uma direção, não poderá ser empenhada em várias outras. E podemos dizer que quanto mais estranha é a atividade para o sujeito, maior a atividade da força vital e que enquanto concentrados em certa atividade não poderemos pretender a mesma concentração em outras.

E o inteiro mecanismo psíquico depende da força vital motriz:

> *Não existe realidade psíquica sem causalidade.* Sem a esfera vital e o efeito fenomênico que dela nasce, não há possibilidade alguma de constituição de uma psique com qualidade e estados reais.[40]

Evidenciado que há causalidade psíquica, a questão, agora, é: de que tipo? Pelo exposto até aqui, concluímos se tratar de causalidade não-mensurável, ou seja, só pode ser examinada qualitativamente. Vimos anteriormente também que não podemos dizer com precisão o que acontecerá no momento seguinte: concebemos que haverá alguma intensidade, mas não podemos prever qual e nem se poderá mensurá-la. Stein afirma ainda:

> Os sentimentos vitais e o grau de tensão correspondente a eles formam um *continuum* de qualidade. Cada qualidade pode ser ressaltada como "momento" daquele *continuum*, mas nunca se pode demonstrar uma qualidade imediatamente "contígua" (...); o que se pode dizer é que entre duas qualidades ressaltadas há sempre

---

[39] Ibid.
[40] Ibid.

uma parte maior ou menor de *continuum* que contém inumeráveis momentos.[41]

Agora se enfatiza a questão da individualidade. Diante de um forte rumor – retomando um exemplo já utilizado –, certamente a reação será de mal-estar, mas não é previsível quão grande será o mal-estar em cada um de nós; mas podemos falar em linhas gerais, ou seja, podemos chegar a *formular leis de causalidade*. Impressão e reação estão ligadas à força vital: é uma válida lei geral, ainda que não possamos prever qual será a reação ou seu grau numa determinada situação envolvendo um indivíduo específico.

A mesma ênfase na individualidade pode ser dada na leitura da *força vital*: cada um de nós tem certa quantidade de força vital que vai sendo atuada de um modo e de outro: de acordo com a atividade realizada, cada indivíduo pode condensar essa quantidade ou dispersá-la; também de acordo com as características corporais de cada um, há maior ou menor capacidade de se dedicar a outras atividades ao mesmo tempo, justamente porque a quantidade de força vital é sempre limitada e será necessário repouso físico e psíquico para ser readquirida. Há também outro modo de vivificar a psique: pela *força espiritual* (continuando a considerar a esfera da causalidade psíquica como esfera mecânica).

Pelo exposto, podemos concluir que: não há mensurabilidade dos eventos psíquicos mas são identificadas sua qualidades; há relação de causalidade determinada pela força vital, mas o ser humano não possui somente a esfera psíquica: há também a esfera espiritual (independente da psíquica, ainda que conectada a ela). É necessária uma distinção interna que diferencie a dimensão psíquica (como esfera da força

---

[41] Ibid., pp. 67-68.

vital e do esforço psíquico, como esfera dos mecanismos psíquicos) da dimensão espiritual. E temos condições fazer essa distinção porque existem as vivências da consciência: por meio dessas vivências, nós registramos os fatos psíquicos e os fatos espirituais.

I.4. Força vital, estados vitais e sentimentos vitais

Stein afirma: "A sucessão de estados vitais mutáveis indica uma maior ou menor força vital e a isso correspondem – enquanto 'manifestações' – diversos sentimentos vitais."[42]

Podemos dizer que da força vital emergem estados vitais; dos estados vitais emergem sentimentos vitais; e damo-nos conta disso por meio das vivências da consciência.

Note o Esquema 1:

Esquema 1

1- Fluxo de vivências = vivido = consciência	Vivemos tudo isso junto	Hilética
2- psíquico estados vitais Sentimentos vitais força vital	→além do "vidro"	esfera passiva / dou-me conta. Acontece
vivências		

Começamos examinando um *fluxo de vivências* que é (como o "vidro da janela" da comparação utilizada anteriormente) a *consciência*. Dele passamos para a dimensão da *psique*, pois ela se manifesta por meio das vivências. O que da psique se manifesta? O procedimento de Stein para chegar à resposta é o seguinte: primeiramente examinar *estados vitais*,

---

[42] Ibid., p. 58.

dos quais nos damos conta por meio de *sentimentos vitais*. Estes remetem à *força vital* (que se expressa nos estados vitais). De tudo isso, temos vivência: apreendemos os sentimentos vitais e estados vitais nas vivências.

Por que Stein começa dali? Pelo fato de as vivências serem o lugar do que conhecemos: não podemos examinar algo a não ser passando pelas vivências.

Ainda que, de fato, façamos todas essas passagens ao mesmo tempo, o processo seria, então: estado vital – sentimento vital – vivências dos estados vitais e dos sentimentos vitais. Dessa forma, as vivências remetem a estados vitais e a sentimentos vitais. Essa parte da psique – estado, sentimento e força – é o que está além do "vidro-consciência" que permite ver o que está além dele mesmo (objeto-vivência).

A força vital é real, está ali verdadeiramente: é um subtrato em relação à psique: "Encontrado um substrato do agir real, é natural que nesse substrato não possa entrar vivência pura alguma".[43] Em outros termos: a vivência pura está fora do substrato; reflete o substrato, mas não faz parte dele. Os estados vitais e os sentimentos vitais – a seu modo – são também vivências: vivências reais, vivências da consciência. Nós vivemos o estado de ânimo realmente na psique, mas nos damos conta no nível de vivência da consciência.

Stein afirma, ainda:

> as vivências mesmas – e, em parte, também o conteúdo delas – são manifestações de estados e de qualidades reais, assim como os sentimentos vitais o são.[44]

Lembrem-se que os sentimentos vitais são manifestações dos estados vitais e as vivências são manifestações deles.

---

[43] Ibid.
[44] STEIN, Edith. **Psicologia e scienze dello spirito**..., op. cit., p. 58.

Temos uma realidade psíquica, cujo substrato é a força vital, que se expressa por estados vitais e é por nós vivido por meio de sentimentos vitais, e conhecido pelas vivências puras. Quando digo "estou mal", quer dizer que está faltando força vital. Com esse exemplo, estamos nos referindo ao estado (estar mal), que se refere ao sentimento e disso tudo eu tenho consciência. Naquela afirmação temos todo o processo.

Então, as vivências de consciência manifestam o que acontece na dimensão real.

Ainda considerando o Esquema 1: Frequentemente, fala-se apenas da segunda parte do esquema, mas nos damos conta dela por meio da primeira. O termo "vivência" pode ter dois significados: a) quando estamos nos referindo aos estados vitais ou aos sentimentos vitais ("estou me sentindo mal"); e b) atenção – eu posso dizer isso porque tenho as vivências no fluxo de consciência. (É o que os fenomenólogos dizem e não havia sido dito até então).[45]

No estrato real da força vital há uma relação de causalidade e disso nos damos conta em nível do fluxo de vivência. Esse estrato real é vivido por nós passivamente. (Aqui, entramos no campo da hilética[46] – apesar de Stein

---

[45] ALES BELLO, Angela. *L'universo nella coscienza*: introduzione alla fenomenologia di Edmund Husserl, Edith Stein, Hedwig Conrad-Martius. Pisa: ETS, 2003.

[46] Husserl apresenta a questão da hilética em relação com as elaborações noéticas em *Ideias I* (§85). Angela Ales Bello desenvolve o conceito dando uma radicalidade ainda maior, em *Culturas e religiões* assim como em diversos outros textos. Nicoletta Ghigi sistematiza as contribuições de Ales Bello a respeito num artigo publicado no Brasil. Cf.: GHIGI, Nicoletta. A hilética na fenomenologia: a propósito de alguns escritos de Angela Ales Bello. **Memorandum**, Belo Horizonte, n. 4, pp. 48 - 60, 2003. Disponível em www.fafich.ufmg.br/~memorandum/artigos04/ghigi01.htm, acesso em 02 fevereiro 2015.
Cf. também:

não ter usado esse termo nem explicitado que faz análise da hilética psíquica).

Chegamos ao seguinte resultado: além da lei causal geral, existem determinadas leis causais psíquicas que se referem aos conteúdos [ou seja, há leis internas mais específicas] (...). Mas o que verificamos até aqui é simplesmente a dedução – a partir dos fatos presentes – de outros fatos que acontecem *contemporaneamente* [barulho e mal-estar, por exemplo]; mas não sabemos ainda se é possível a *pré*-visão.[47]

Posso identificar se foi no passado ou está sendo no presente. Mas, seria possível prever, por exemplo, que quando houver barulho eu terei um mal-estar? A resposta é que nunca é uma determinação exata, não é possível prever todas as circunstâncias: pode ocorrer no futuro o mesmo que aconteceu no passado, mas a circunstância orgânica pode mudar, meu humor também... (posso ficar surda; posso mudar o estado de ânimo e chegar a dizer "Ah, que legal esse barulho!").

Baseados em dados atuais, é possível dizer algo sobre a natureza causal de fatos psíquicos futuros? Seria, antes de mais nada, necessário que desde o estado atual da força vital se pudesse tirar conclusões sobre seu estado futuro.[48]

HUSSERL, Edmund. **Ideias para uma fenomenologia pura**..., op. cit. Paticularmente §97.
ALES BELLO, Angela. **Culturas e religiões**: uma leitura fenomenológica. Tradução de A. Angonese. Bauru, SP: EDUSC, 1998.
ALES BELLO, Angela. Phenomenological hyletics and the lifeworld. In TYMIENIECKA, A. T. (Org.). **Phenomenology of life**: meeting the chalenges of the present-day world. Dordrecht: Kluwer Academic Publishers, 2005, pp. 293 - 301. (Analecta Husserliana, LXXXIV).

[47] STEIN, Edith. **Psicologia e scienze dello spirito**..., op. cit., p. 70.
[48] Ibid.

Só se poderia chegar a saber quando fossem conhecidos todos os elementos de variações que se dão no fluxo das vivências psíquicas. Mas isso não é possível. E Stein acrescenta:

> Não quero discutir agora se isso é possível; por enquanto, é suficiente saber que o conhecimento da força vital presente não basta, *por si mesma*, para prever seu estado futuro e, com ele, o seu possível rendimento.[49]

Stein afirma também que a força vital de cada indivíduo é diferente (importante argumento examinado anteriormente, e agora, retomado). Por exemplo, que eu esteja cansada agora, depende das circunstâncias mas também do fato que cada pessoa tem um máximo de força vital particular. O máximo de força vital de uma pessoa não coincide com o de outra. E também não significa que no estado máximo de força vital consigamos fazer as mesmas coisas. Não posso dizer: "quando você não estiver cansado, você tem de fazer isso, porque eu, quando não estou cansado, o faço": cada um tem seu grau de desenvolvimento de força vital. É possível avaliar só aproximadamente aquilo que se pode fazer ou não.

Imaginemos que eu o conheça e sei que você é capaz de fazer algo, porque em certas situações você já o fez: talvez você possa fazê-lo novamente, mas não é garantido. Stein aponta que essas afirmações deixam aberturas para possíveis modificações não-previsíveis. Essas previsões têm "uma validade somente empírica, porque a força vital de um indivíduo é verificável somente com a experiência".[50] Toda afirmação sobre a força vital precisa ser verificada

---

[49] Ibid.
[50] Ibid., p. 71.

como verdadeira ou falsa, e somente pode ser realmente verificada *a posteriori*, a partir do que acontece com aquele sujeito, ou seja, depois de o ato ter acontecido. Posso afirmar: "você é capaz de ler esse livro" (talvez não seja, não tenho certeza): deixo-o em suas mãos e averiguo. De algum modo lanço uma previsão, mas só posso verificar quando você já realizou o ato. Só posso "refutar e corrigir a partir de experiências ulteriores"[51], na medida em que as experiências acontecem.

I.5. Psique, esfera passiva e consciência

Segundo Stein, como vimos, o primeiro substrato é a força vital, que se manifesta nos estados vitais; e os estados vitais se manifestam nos sentimentos vitais, e os sentimentos vitais se manifestam nas vivências da consciência. Pode-se falar de estados vitais e sentimentos vitais juntamente, mas Stein faz uma análise mais detalhada tomando-os separadamente.

Toda essa parte de força vital como estrato real é uma *esfera passiva*[52], que se dá em mim sem que eu escolha ou decida sobre ela: acontece. Quando ouvimos um barulho, acontece um estado vital em nós. O mesmo se dá quando estamos cansados: não determinamos, acontece em nós. Em qual parte de nós? Na esfera passiva, chamada por Husserl de "hilética". Sem mencionar o termo, Stein utiliza o conceito ao tratar de vivências egológicas e não-egológicas.[53]

---

[51] Ibid.
[52] Cf. HUSSERL, Edmund. **Lezioni sulla sintesi passiva**. Tradução de V. Costa. Milano: Guerini, 1993.
[53] Cf. STEIN, Edith. **Psicologia e scienze dello spirito**..., op. cit., p. 52ss

Esquema 2

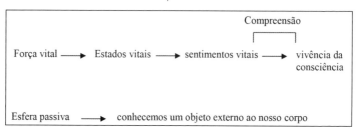

Retomemos o percurso, do ponto de vista psíquico e depois do ponto de vista do conhecimento do mundo externo (ainda que se deem juntos).

A esse respeito, Stein diz algo muito importante:

> Em cada vivência distinguimos, antes de mais nada: 1) um *conteúdo* que é recebido na consciência (por exemplo, um dado relativo a cor ou um senso de bem-estar); 2) o *viver* esse conteúdo, seu ser captado na consciência (ter sensações, sentir uma sensação de bem-estar); 3) a *consciência* desse viver, em maior ou menor medida, o acompanha sempre, pelo qual o viver mesmo é indicado também como consciência.[54]

Por exemplo: a cor amarela está fora de mim e a sensação de bem-estar, dentro. Viver esse conteúdo é sentir o estado de bem-estar: estou bem (estado vital) e sinto estar bem (sentimento vital). Enquanto isso, tenho consciência de viver o bem-estar. Dessa forma, temos (1) o estado, (2) o sentimento e (3) a vivência da consciência.

Husserl faz esse processo também de maneira muito detalhada, mas ele se refere principalmente ao objeto[55], enquanto a Stein menciona mais o processo da pessoa.

---

[54] Ibid., p. 52.
[55] Cf. HUSSERL, Edmund. **Lezioni sulla sintesi passiva...**, op. cit.
HUSSERL, Edmund. **Sínteses activas**: a partir da lição Lógica transcendental de 1920/21. Tradução de Carlos Aurélio Morujão. Lisboa:

Apesar de não ser o objetivo de Stein, vamos fazer um exercício de sensação: considerem algo de cor amarela; vejo a cor amarela, tenho a sensação da cor amarela, tenho consciência da cor amarela: esse processo se refere à consciência desse objeto. Nunca conhecemos o amarelo sozinho, pois é amarelo de alguma coisa.[56] Como conhecemos a coisa? Antes da percepção há todo um processo de distinção entre esta coisa e outras. Mas digo ser uma coisa por apreender nela uma unidade. Considerem uma mesa sobre a qual estão alguns objetos. Há uma unidade, mas ainda nem sei que se trata de mesa, pois ainda estou apenas distinguindo entre o plano do tampo da mesa e o que está sobre ele. Existem um contínuo e outro contínuo; e limites contíguos. As cores, por exemplo, ajudam a distinguir os limites de um e outro: o objeto é amarelo; a mesa, marrom.

Pensemos na farda camuflada dos militares: é feita justamente para não ser distinguida do meio dificultando a compreensão de que há um soldado ali. No deserto, a farda camuflada logo chamaria a atenção, identificaríamos rapidamente o soldado, mas na floresta não seria fácil reconhecê-lo pela dificuldade de distinguir. Para definirmos o objeto, temos de definir os limites em nível de sensações, de modo a reconhecê-lo como objeto unitário. A farda é unitária e fora de seus limites temos o deserto (outra coisa). Quando percebemos o soldado, na realidade distinguimos entre o soldado e o deserto; porém, não nos damos conta

---

Centro de Filosofia da Universidade de Lisboa, 2005. (Phainomenon: Clássicos de fenomenologia).
ALES BELLO, Angela. L'universo nella coscienza..., op. cit.

[56] Cf. STEIN, Edith. La struttura della persona umana..., op. cit. Por exemplo o início do Cap. VI.1: "O substrato animal da vida anímica puntual".

desse processo: acontece em nós e o resultado é a percepção do objeto. Dessa forma, temos toda uma esfera passiva no conhecimento dos objetos externos (com relação ao nosso corpo).[57]

A noção de nosso corpo nasce assim: ao observar a própria mão distingo o próprio corpo das coisas que toco (não são meu corpo). Porém, isso se dá com uma sensação corporal diferente da distinção que fazemos dentre objetos externos que não sentimos pelo toque: sensações pela visão e pelo tato nos permitem conhecer o mundo externo e a nós mesmos. Quando toco uma mesa, tenho imediatamente a distinção entre a tábua da mesa e a mão. Sinto minha mão, e sinto a mesa de modos diferentes. Assim, vivo a mão de um modo diferente do que vivo a mesa. E tudo isso está na esfera passiva.

A *esfera passiva* – denominada por Husserl de "hilética" – tem o sentido de "aquilo que acontece sem ativar uma vontade", ou seja, simplesmente acontece.

Além disso, há uma relação entre a esfera passiva da psique e a esfera passiva que nos dá consciência dos objetos externos relacionados ao nosso corpo. Para tratar da relação entre essas duas esferas passivas, façamos um exemplo: com a cor amarela e com a forma redonda identifico um objeto (chocolate embalado); tenho também memória disso: é um chocolate. Se uma criança pequena, que nunca viu esse objeto, chegasse aqui, ela não saberia o que há dentro da embalagem. Ela teria de fazer toda uma operação para abrir, ver, descobrir e concluir: "ah, é chocolate!". Nós, que já fizemos essa operação, sabemos de que se trata. Assim, na esfera passiva nós distinguimos esse pequeno objeto da mesa que o sustenta.

---

[57] Cf. Esquema 2.

Considerem uma mesa lisa: que estado vital ela me dá? Uma sensação de liso, sensação agradável, prazerosa. Notem que ao conhecer tenho também sensações interiores, sentimentos vitais. Há um senso de bem-estar ao tocar a mesa, porém, se eu já souber que a mesa tem um chocolate, preferirei o chocolate à mesa. Isso ocorre devido à dimensão de futuro: se eu comê-lo, ele me dará uma sensação de bem-estar melhor do que a sensação de liso da mesa. Tudo isso acontece na esfera passiva, simultaneamente. Somente na análise é que nós separamos: agrada-me, não me agrada; o que me agrada, o que não. Conheço e tenho uma reação interna psíquica conjuntamente. Para compreender como esse processo acontece, posso distinguir: como é que eu chego a conhecer esse chocolate e como eu chego a identificar o estado de bem-estar. Dessa forma, pode-se fazer uma análise ainda que aconteçam de forma concomitante. Desse processo nós temos vivências, e por isso, podemos nos dar conta dele. Essas vivências remetem à percepção do chocolate e ao bem-estar que prevejo. Posso prever com bastante precisão um bem-estar, porque tenho certo grau de certeza de que gostarei de comê-lo; e tudo isso acontece na esfera passiva.

Quanto ao que acontece na relação entre corpo e mundo externo, dá-se outro processo entrelaçando a esfera psíquica: o corpo é o elemento de união entre o que acontece no mundo externo e o que acontece na reação psíquica; assim, as sensações corporais permitem que eu afirme ter corpo e que essas sensações do corpo são diferentes das sensações das coisas externas (como vimos); e elas ainda me dizem se são de bem-estar ou mal-estar. Ocorrem conjuntamente, a todo momento.

Quando sinto frio, tenho uma sensação corpórea, um sentimento vital de mal-estar e disso eu me dou conta. Dá-se uma reação psíquica ao frio, da qual tomo consciência. A esfera passiva corresponde a eu ter sofrido o frio, pois não o gerei – aconteceu em mim. Mas quando busco fechar a janela se trata de um processo ativo: ativo em relação à vivência que vivi ou estou vivendo: não me acontece, eu é que ajo (podendo fechar a janela). Porém, tenho de realizar outras operações para chegar fechar a janela.

Assim, Stein[58] indicou aqueles três pontos citados há pouco: 1) um conteúdo recebido pela consciência (por exemplo, num sentido de bem-estar ou mal-estar); 2) o viver esse conteúdo (sentir o bem-estar ou mal-estar) relacionado ao sentimento; e 3) ter consciência desse viver, sempre acompanhado pelo sentimento e estado. Então, o próprio viver o frio, por exemplo, já é indicado pela consciência. Esses três momentos acontecem contemporaneamente, de tal modo que podemos dizer "viver", referindo-se a: viver o estado vital, viver o sentimento vital e viver de modo consciente esse processo de um sentimento vital e de um estado vital.

Podemos viver o bem-estar relativo à cor (uma cor pode nos agradar) e esses dados podem ser entendidos como uma reação passiva minha. Qual reação passiva minha? O bem-estar, com todo esse processo em conjunto. Como estamos falando de uma reação minha, nomeamos de "reação egológica". Porém, o dado de cor (por exemplo, amarelo) não é um dado egológico, pois não depende de mim. Stein afirma: "os dados e os conteúdos não-egológicos estão 'diante do eu' e os dados egológicos 'pertencem ao sujeito'".[59] Assim, chegamos a distinguir dentro e fora, apesar de serem passivos.

De fato, um objeto é percebido, apresenta-se a mim, por meio de uma série de operações precedentes de delimitação, distinção, contiguidade e diferença. Há um processo de

---

[58] Cf. Ibid, p. 52.
[59] Ibid.

afetação (de onde nasce também a palavra "afeição") e disso tudo nasce a percepção do objeto como unidade. Ao dizer "isso é um chocolate", fiz todo aquele processo, ainda que sem sabê-lo. Husserl se pergunta: se temos consciência desse processo; e responde que temos consciência da percepção, isto é, dos resultados. E como chegamos a dizer que existe esse processo anterior à percepção? Por fazer a análise que coloca em evidência (em nível de consciência) um processo que não aconteceu diante da consciência.

Como é que podemos trazer à consciência elementos que podem não ser da nossa consciência? Husserl faz uma fenomenologia daqueles elementos e processos dos quais não temos plena consciência, do que acontece antes de nos darmos conta: Husserl e Stein consideram a esfera passiva, que é recebida conscientemente quando fazemos a análise dessa esfera[60].

---

[60] Cf. ALES BELLO, Angela. **L'universo nella coscienza...**, op. cit.

CAPÍTULO II
VIDA DO ESPÍRITO:
SENTIDO, RAZÃO E LIBERDADE

II.1 Psique e vida do espírito: esfera ativa

Até o momento, nos referimos à psique, que é a esfera passiva. Agora, devemos considerar a ativa, a esfera do espírito.

Retomando o examinado até o momento: que tipo de lei rege a esfera passiva, a psique? A causalidade. Qual causalidade? A exata, como a do mundo físico? Não, mas uma causalidade não mensurável, de tipo qualitativo.

Esquema 3

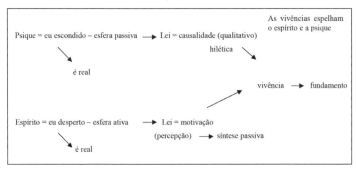

Para aprofundar esse ponto, retomemos a seguinte frase de Stein: "Estou tão cansada que não conseguiria ler um livro difícil".[61] O vínculo entre o cansaço e essa incapacidade de ler é estabelecido pela força vital: cansada, não tenho força vital de ler aquele livro. A força vital tem um vínculo causal entre suas manifestações ainda que não exatamente determinável, como pensamos serem os vínculos causais entre as coisas físicas. Estas, tendo qualidades diferentes daquelas da psique, têm também vínculos diferentes.

Vejamos agora um trecho em que Stein que se refere à *vida espiritual* (não à psique, mas ao espírito) e identifiquemos sua lei fundamental: a *motivação*. Então, são duas leis, duas regras: as da psique e as do espírito.

> Até aqui, nossa pesquisa se desenvolveu em um nível abstrato; agora mudemos de perspectiva e examinemos um novo âmbito de fenômenos. O eu que até o momento vivia no fluxo dos dados, dos quais ele "tinha posse" sem, no entanto, "vê-los", agora abre seu olhar espiritual e se dirige a algo que se lhe apresenta, tornando-se "objeto" para ele.[62]

Fenômeno é aquilo que se manifesta, e a psique se manifesta por meio de fenômenos psíquicos (estados vitais e sentimentos vitais). Porém, Stein adentra também outro nível de fenômenos. Note que até aqui, não havíamos falamos de um "eu". O eu já está presente na psique, mas está como que escondido nela. O eu possuía estados psíquicos, ou – dizendo de outro modo – os estados psíquicos são de um eu. Mas, esse eu não olhava para eles, não se dava conta deles. Por isso, o eu estava ali de modo passivo. Agora, o eu abre o olhar espiritual e se dirige a algo que se apresenta, ou seja, se dá conta.

---

[61] STEIN, Edith. **Psicologia e scienze dello spirito**: contibuti per una fondazione filosofica. Prezentazione di A. Ales Bello, traduzione di A. M. Pezzella. Roma: Città Nuova, 1999, p. 69.

[62] Ibid., p. 72.

Quais são os dados imanentes aos fenômenos da psique? Estado vital e sentimento vital, fundamentalmente; e deles temos vivências. Ao dizer que o bem-estar e o mal-estar são estados vitais e possuem uma intencionalidade, afirmamos terem um sentido, pois "estão dirigidos a algo".[63] Porém, trata-se de uma intencionalidade inferior, não ativa, implícita. Husserl[64] desenvolve muito esse tema: todos os impulsos são estados vitais e têm sua intencionalidade. Então, intencionalidade também está na esfera passiva, porém é descoberta quando vamos ao nível ativo: "ah, ali já tinha uma intencionalidade". Stein também o afirma: os fenômenos psíquicos têm sua própria intencionalidade (o termo latino usado é *intentio*)[65] e as vivências que correspondem aos atos espirituais têm uma forte intencionalidade, que coincide com o sentido. É a

> classe das "apreensões" ou dos "atos". (...) O termo "ato" é aqui tomado no significado mais amplo de vivência intencional, não no de fazer específico. (...) Com eles inicia a vida espiritual.[66]
>
> No âmbito dos atos se apresenta, portanto, um novo tipo de conexão [lei da motivação], que até agora não havíamos ainda encontrado. Ao olharmos uma série de dados que fluem continuamente, ou melhor, olhando através dos dados para as objetividades "externas", então não só temos uma sucessão de apreensões separadas de imagens singulares, mas temos uma "apreensão" *contínua*, uma junção

---

[63] Ibid.

[64] Cf., por exemplo, HUSSERL, Edmund. **Einleitung in die Ethik**: Vorlesungen Sommersemester 1920 und 1924. Edição de Henning Peucker. Dordrecht, Netherlands: Kluwer Academic Publishers, 2004. (Husserliana, XXXVII).

[65] Ibid. p. 72.

[66] Ibid.

daquilo que se segue àquilo que precede – a *apercepção* –, uma *conexão* das apreensões singulares – a *síntese* –, e enfim uma movimentação daquilo que se segue por meio daquilo que precede – a *motivação*.[67]

Vamos nos ater a uma série de dados que se referem à objetividade externa: por exemplo, em cima de uma mesa há objetos; cada um desses objetos é um dado: um objeto me é dado. Não se dá apenas uma apreensão de certo objeto, mas há o contínuo com a mesa, um outro objeto ainda... e assim por diante. Nunca fazemos uma apreensão única, mas uma apreensão contínua que vai acrescentando dados: chama-se *apercepção*. Na percepção, fixo ali e apreendo; na apercepção, não. Como no exemplo do soldado camuflado – já abordado: o camuflado o é em relação ao ambiente, nunca é um elemento isolado. Essa apreensão contínua se chama apercepção.[68]

Há também uma conexão de cada uma das apreensões individuais, que se chama *síntese*. Por exemplo, ao olharmos uma mesa, teremos uma síntese. Posteriormente teremos condições de olhar o conjunto ou então fixar a atenção em cada objeto. E há também algo colocado em movimento por aquilo que precede e por aquilo que vem em seguida: chama-se *motivação*.

Mas quem faz apreensão, apercepção, síntese e motivação? Somos nós. Então, cada eu, em relação à mesa, faz todos esses atos: são atos do eu. Há uma diferença entre bem-estar (estado vital) e os atos que o eu realiza, como a apreensão, apercepção, síntese, esses movimentos:

---

[67] Ibid., p. 73
[68] Cf. ALES BELLO, Angela. **Culturas e religiões**: uma leitura fenomenológica. Tradução de A. Angonese. Bauru, SP: EDUSC, 1998. Particularmente Cap. 2 "Arqueologia fenomenológica das culturas".

Tudo isso só tem sentido no âmbito dos atos do eu, enquanto que na esfera da pura passividade – da qual nos ocupamos antes – não se pode falar de apreensão, apercepção e movimentação.[69]

Ou seja, na esfera da psique, não há apreensão, apercepção, motivação e síntese, pois essa esfera tem outra característica, outra qualidade.

II.2. Ato e motivação

Fixemos a atenção na motivação: ela é *"liame de atos"*[70], um vínculo. Em geral, falamos de motivação como limitada à *"esfera dos 'atos livres', particularmente aos da vontade"*.[71] Estes últimos são temas que Stein examina bastante, porém ela afirma que motivação é uma lei no âmbito mais geral: começa dessas operações que não são atos livres, voluntários. A lei da motivação, por ser muito ampla, também inclui as leis dos atos livres e voluntários (como veremos) mas começa já na apercepção.

> Acreditamos que essa ampliação se fundamenta em boas razões, porque agora tendemos a uma estrutura geral válida para o inteiro âmbito das vivências intencionais.[72]

Lembrando que as vivências intencionais se referem aos atos superiores. Quando nos encontramos diante de atos superiores temos sempre uma motivação.

Agora, outra definição:

> A motivação, em seu significado geral (...) é a ligação que conecta os atos entre si; de fato, não se trata de uma simples

---

[69] Ibid.
[70] Ibid.
[71] Ibid.
[72] Ibid.

união (...) mas uma vivência [da consciência] que *provém* de outra, trata-se de uma vivência que se realiza *baseada* em outra, *por querer* de outra.[73]

A percepção se realiza porque há uma apreensão antes. Posso ver um objeto sobre a mesa porque há um movimento que vai da apreensão à percepção. E quem cumpre esse ato? "O eixo sobre o qual se apoia a motivação é sempre o eu. O eu realiza certo ato porque já realizou outro antes"[74], implícita ou explicitamente.[75]

> Como exemplo, temos o caso de uma *motivação explícita* quando n*uma dedução movemo-nos a partir de certas premissas para chegar a uma consequência e reconhecemos esta última fundamentados nas premissas,* dando crédito. Quando, pelo contrário, fazemos uma demonstração matemática, e para tanto utilizamos um teorema já examinado anteriormente tomando por base seus pressupostos, mas que no momento não nos dedicamos a demonstrar, crer naquele teorema é *motivado*, mas a motivação não se realiza atualmente, é *implícita* no ato concreto, mediante o qual a proposição está diante de nós como unidade e naquele determinado modo de crer.[76]

II.3. Ato, motivação e conteúdo de sentido

Tomemos agora a questão da relação entre ato e motivação.

Quando a consciência [o eu, então a consciência com as vivências] se dirige a um objeto, não o intenciona como

---

[73] Ibid.
[74] Ibid.
[75] Cf. Ibid., p. 74.
[76] Ibid.

um X vazio, mas como um *conteúdo de sentido* determinado, como apoio de um estado de ser unitário completo.[77]

Dirigimo-nos a esse objeto, por quê? Porque ele tem um sentido, não é um X vazio; nós vamos identificando sentidos. Essa é a intencionalidade: conteúdo de sentido. Porém, nem sempre uma coisa nos é dada com o conteúdo de sentido completo.

Utilizemos o exemplo de um copo de água cuja marca pode ser vista à frente. Do lado de trás, o que está escrito? Não se sabe. Como vemos este objeto? Sempre de um dos lados, porém, sabemos que... O que quer dizer este "sabemos"? Nós fazemos um trabalho de completar essa percepção com outras percepções que não temos. Há um vínculo de motivação, porque a percepção de um lado nos leva a dizer que do outro lado há uma continuidade do copo. Isso é justamente a apercepção. Para ter sentido, nós precisamos dizer que há o outro lado; dessa forma, nós completamos.

Stein diz que quando não sabemos o que tem do outro lado viramos o copo e vamos olhá-lo. O que significa esse movimento? Motivação. É a motivação para ter o conteúdo de sentido. Ela traz um exemplo de compreensão também de uma frase.[78] Se eu disser a frase "amanhã eu irei", vocês perguntarão: "aonde?". Então, a afirmação "eu irei" motiva a pergunta "aonde?", para chegar a um sentido. Esse movimento é a motivação:

> A unidade de sentido prescreve o completar-se admitido por um certo significado parcial o prescreve também o passo seguinte que, por consequência, pode ser motivado pelo primeiro. Ao realizar um ato, o eu vivo se dirige

---

[77] Ibid., p. 75.
[78] Cf. Ibid.

para o objeto e, de ato em ato, o intenciona segundo uma composição de sentido continuamente mutável, que varia segundo o relacionamento entre os sentidos parciais, plenos ou vazios, sem que isso influencie sobre o sentido mesmo e sobre a estrutura da motivação.[79]

Imaginemos um palco de teatro e seu fundo, o cenário. O cenário varia de acordo com o que se quer representar: tomemos o exemplo de uma praça. O que o cenário deve ter para afirmarmos ser uma praça? Além de flores e árvores, algo que delimita a praça: edifícios. Os edifícios ali não são verdadeiros; são como apenas uma face do copo do exemplo acima. Então, qual é o conteúdo de sentido daquele edifício? Para nós, tem um conteúdo de sentido ou não? Tem. É um edifício, ainda que parcial. Sabemos que é um conteúdo de sentido: um edifício tem sentido sendo tridimensional, mas terá outro sentido se for um cenário, sendo edifício, embora não seja edifício de fato.

O completar-se do edifício cenário é pleno ou vazio? É vazio. Para saber se é pleno ou vazio nós precisamos fazer o movimento de olhar atrás do objeto percebido. "Todavia, a cada momento há a possibilidade de conduzir o sentido à datidade [a realização de um sentido] (...) e de tirar conclusões por meio da motivação".[80] A motivação são esses movimentos que fazemos já em nível experiencial.

É importante essa questão do conteúdo de sentido, porque ele nos permite distinguir motivos como estímulos, dos motivos enquanto motivos racionais. Por exemplo, o barulho a que já nos referimos: é compreensível que um barulho por perto chame minha atenção e que instintivamente eu deseje ir até ali verificar o que está acontecendo.

---

[79] Ibid.
[80] Ibid.

Ouço o barulho, ele atrai minha atenção, eu tendo àquilo: isso é um *impulso*. Ao invés, eu posso procurar a companhia de seres humanos que me ajudem. Por que irei em direção a eles? É uma *motivação racional*: vou para que possam me ajudar. Logo, há um fundamento pelo qual eu vou, ou seja, há um sentido de tipo racional. Se, ao invés, eu estiver com seres humanos que podem me fazer mal, seria racional eu me afastar? Sim. Eu até posso ir em direção àqueles que me fazem mal para entender o porquê dessas atitudes ou para ajudá-los a não fazer mal a alguém: essas são motivações de nível espiritual, de grau elevado.

Retomando: os estados psíquicos ligados à força vital acontecem em nós, e por isso, não são atos espirituais. Porém, o impulso para ir ver, que é também um movimento de curiosidade, por exemplo, segundo Stein não apresenta uma verdadeira *causalidade*, mas há uma *motivação* ali.

II.4. Motivação, sentido e razão

Para Stein, a motivação não está apenas ligada aos atos voluntários, ainda que esses sejam os mais importantes. A motivação é a lei que vem desde a percepção. Quando digo "eu vou para entender porquê", faço uma escolha, decido ir: é uma motivação de grau elevado.

Tudo o que se refere à atividade do eu é espiritual: não é um nível passivo, mas de atos. Na esfera psíquica, os movimentos são considerados passivos. A percepção é resultado de todo um processo passivo: uma formação passiva com operações de delimitação, semelhança, continuidade, comparação, contiguidade, unidade... que precedem a percepção. Uma vez chegada à percepção, existem especificações dessa percepção: para chegar a dizer "isso é um copo" – e então ter sentido – precisamos fazer uma série de operações aperceptivas, nas quais a atividade do eu é solicitada. A percepção inclui uma fase passiva. A apercepção é uma fase ativa. São duas fases de um processo contínuo, que o distinguimos quando voltamos para trás.

Husserl se refere a essas duas sínteses de modo mais técnico do que Stein: síntese passiva é a que vai até a percepção e síntese ativa é a que se move a partir dali. Dois livros de Husserl reúnem suas aulas sobre o assunto: *Lições sobre síntese passiva*[81] e *Sínteses activas: a partir da lição Lógica Transcendental de 1920/21*[82]. Conhecendo as sínteses passiva e ativa em Husserl pode-se ler melhor o texto de Stein, que as toma de modo próprio.

"Com os atos e suas motivações tem início (...) o reino do 'sentido' e da 'razão': aqui existem certo e errado, evidência e não evidência".[83] O termo "razão" na fenomenologia não tem o sentido de uma faculdade, como na acepção tradicional. A razão é justamente o sentido, e também a evidência. Assim, posso dar-me conta com uma base diferente de um "acontecimento cego"[84], de modo que "a evidência, numa esfera [a do acontecimento dos estados psíquicos] é o reconhecimento da necessidade dos acontecimentos [evidência quer dizer "é necessário que seja assim"], enquanto que na outra esfera [a dos atos] a evidência é realizar-se do dar-se conta".[85]

---

[81] HUSSERL, Edmund. **Lezioni sulla sintesi passiva**. Traduzione di V. Costa. Milano: Guerini, 1993.

[82] HUSSERL, Edmund. **Sínteses activas**: a partir da lição Lógica transcendental de 1920/21. Tradução de Carlos Aurélio Morujão. Lisboa: Centro de Filosofia da Universidade de Lisboa, 2005. (Phainomenon: Clássicos de fenomenologia).

[83] STEIN, Edith. **Psicologia e scienze dello spirito**..., op. cit., p. 78.

[84] Ibid.

[85] Ibid.

Neste caso, uma atividade me leva de um objeto a outro, de uma parte a outra, pergunto-me por que há também e este e aquele...

O bebê vive numa esfera psíquica, passiva: chora porque está se sentindo mal. Mesmo o adulto reage por sentir uma dor: é um "acontecimento cego". Também para os animais acontece assim.

Até cinco meses, o bebê vive em acontecimentos cegos; Com o passar dos anos, vai amadurecendo a capacidade de se colocar em relação, por exemplo, por meio a linguagem. Perguntar: "por que isso? e aquilo? e aquilo?". É uma busca de sentido, que indica a manifestação de uma vida espiritual.

II.5. Vida espiritual e liberdade

Um dos movimentos mais importantes para o ser humano é o de voltar-se para algo. E esse "voltar-se a" ou "dirigir-se para" pode ter sido estimulado por um impulso, mas, ativamente, o ser humano pode aceitar ou refutar aquele impulso. É a *liberdade,* que já está presente nessas expressões mínimas da dimensão espiritual. Ser livre significa ser ativo e poder escolher, desde essa capacidade de aceitar ou refutar os impulsos que colocam em relação a um objeto. O ser humano tem essa capacidade de "voltar-se para" e ao mesmo tempo de escolher.

É claro que existem âmbitos de escolha. Posso escolher se bebo água do copo à minha frente ou não: é um ato de liberdade, sem dúvida. Posso aceitar ou recusar alguma oferta. São liberdades mínimas que se referem ao nosso contexto existencial, que não excluem os obstáculos.

Enquanto movidos por um impulso, ao tomar certa direção indicada por ele haverá sempre um motivo. Há um impulso que me "leva a", mas, antes de parar para refletir e decidir, não é um ato humano – embora realizado por um ser humano. Sendo produzido pela esfera emotiva, há uma atividade mínima de dirigir-se para algo enquanto estímulo (dizemos que somos arrastados, levados). Se o motivo for avaliado, julgado, resultará de tipo emocional. Os atos humanos propriamente ditos são, segundo Stein, os *atos espirituais livres*: aceitação e refutação. Aceitar sem refletir não seria liberdade. Aceitar ou refutar não é apenas fazer ou recusar fazer algo, mas fazê-lo ou recusá-lo "cónscio de".

"A aceitação ou refutação das tomadas de posição espontâneas têm, também elas, um motivo e um fundamento", afirma Stein.[86] Então, temos a questão de examinar os motivos pelos quais realizamos um ato. Stein[87] se refere àquela ação intelectual que Husserl considera fundamental: a *epoché*.[88] Trata-se da operação de colocar "entre parênteses" o que já conheço, tudo que vem antes, para verificar se o que coloquei entre parênteses tinha um fundamento ou por não estar seguro de que algo seja um fundamento. A motivação da *epoché* é a busca dos fundamentos de sentido racional (ou seja, evidências). Se, no proceder anterior, eu duvidar ou não souber qual seja o fundamento racional, eu tomarei esse saber (não o refutarei), colocando-o entre parênteses a fim de procurar o verdadeiro fundamento. Então, há uma motivação na *epoché*: a busca do fundamento. O fundamento

---

[86] Ibid., p. 83
[87] Cf. Ibid.
[88] Sobre diversas fases de Husserl ao utilizar a *epoché*, Cf. ALES BELLO, Angela. **Culturas e religiões**: uma leitura fenomenológica. Tradução de A. Angonese. Bauru, SP: EDUSC, 1998. Particularmente no item "Arqueologia fenomenológica do logos ocidental".

não é dado naquilo que eu sei; então dá-se uma suspensão para a busca do verdadeiro fundamento.

Stein diz que "quando o motivo e o fundamento coincidem, a motivação é racional".[89] Ela traz o exemplo de uma notícia não muito confiável[90]: o que fazemos? Coloco entre parênteses para encontrar um fundamento racional, evidente.

II.6. Existência, essência e *epoché*

Retomando alguns aspectos colocados anteriormente.[91] O início da atividade se dá na apercepção, síntese e motivação. Na psique há um eu escondido, então chamamos de esfera passiva; e sua lei é a causalidade (de cunho qualitativo). No espírito o eu está em vigília e, assim, é chamada de esfera ativa; e sua lei é a motivação (dirigir-se a).

Antes da apercepção, nós precisamos ter uma percepção, que se dá por meio da síntese passiva (esfera passiva, hilética). Então, na motivação temos a motivação cega e motivação cônscia. A "motivação cega" seria o impulso para fazer algo, enquanto que a motivação consciente leva a atos.

A esfera ativa é a dos atos; e dentre os atos conscientes (isto e, cônscios de algo) há os atos livres. Aqui nos referimos a atos gerais, atos como "movimentos de/para", movimentos determinados por motivos. Diferentemente da causalidade, que se refere a causas e efeitos que se dão na esfera passiva. Os motivos se referem a atos na apercepção, atos na síntese e atos na motivação.

Agora, vejamos o que significam atos e atos livres.

---

[89] Ibid.
[90] Cf. Ibid.
[91] Cf. Esquema 3.

Esquema 4

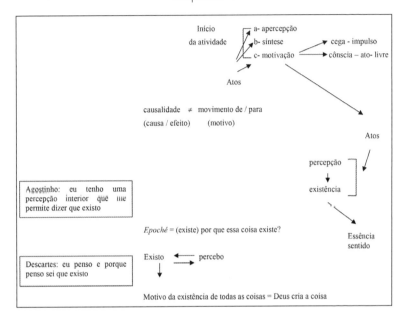

Uma motivação que se expressa em um ato (não ato livre, no sentido específico do termo) é a relação entre percepção e existência. Stein afirma:

> A percepção de uma coisa faz com que se desperte em mim a confiança na sua existência, o conhecimento de um estado de coisas cria em mim uma convicção de sua efetiva consistência, a capacidade de captar as qualidades positivas de uma pessoa desperta em mim a admiração por ela.[92]

A partir do instante em que percebo o copo, fico motivada a dizer que existe. A posição da Stein é de que, com relação a nós, se percebemos, existe.[93] Quando eu faço

---
[92] STEIN, Edith. **Psicologia e scienze dello spirito...**, op. cit., p. 80.
[93] Stein compartilha a posição de Husserl, neste aspecto. Cf. HUSSERL, Edmund. **Idéias para uma fenomenologia pura e uma filosofia**

uma reflexão ulterior, existe; logo, eu a percebo. Não é que por meio da percepção eu crio a existência, mas a existência aparece a mim mediante a percepção.

Husserl ao colocar entre parênteses a existência, propondo a *epoché*, ele está se referindo a outra questão. Ou seja: quando digo simplesmente "existe", nós somos levados a perguntar "O quê?". Então, a ênfase recai não tanto na discussão sobre a existência, mas no "o quê" – no seu sentido, na essência. Ao considerar que a caneta "existe", me volto à questão "o que vem a ser caneta?". Note que para chegar a isso não basta a percepção: trata-se de um juízo.

Quando estou nessa posição "existe e a percebo", estou na esfera da realidade, e posso me perguntar sobre o "motivo da existência". Uma resposta do tipo "Deus cria as coisas" está no plano metafísico; outras respostas podem estar no plano cognoscitivo. Assim, há uma motivação da existência em nível metafísico e motivação do conhecimento da existência é perceptivo. Nesta posição, a motivação da existência é o fato de ser percebida por mim: não no sentido que eu a fiz existir através de meu conhecimento. Essa posição de Husserl e Stein é muito clássica (embora frequentemente não se compreenda bem). Do ponto de vista cognoscitivo, a percepção me diz que as coisas existem, o motivo da existência é a percepção, mas "motivo" significa reconhecimento, manifestação da existência via a percepção. Mas por que existem? – fazendo assim referência a outra motivação. Porque o motivo da

---

fenomenológica: introdução geral à fenomenologia pura. Prefácio de Carlos Alberto Ribeiro de Mouro, tradução de M. Suzuki. Aparecida, SP: Ideias & Letras, 2006. Particularmente §§29 e 30 sobre "Tese geral da atitude natural".

existência é Deus – resposta dada por Husserl e Stein em alguns de seus textos.[94]

Em suma: Por que coloco entre parênteses a existência? Porque me interessa o sentido: essa é a primeira *epoché*. Por meio da busca do sentido, passo para a vivência da percepção; tendo essa vivência, digo que a coisa existe. A percepção me motiva a dizer que existe: eis o motivo. Em seguida, pergunto: "por que existe?", passando a outro nível, o nível metafísico (o motivo da existência não está nas coisas, mas está fora delas; é mais profundo). Tem-se, desse modo, os problemas da motivação e da busca do fundamento. O fundamento para nós, na esfera cognoscitiva, é o eu e suas vivências. E o fundamento em si é Deus.

Trabalhamos aqui sobre a motivação e falamos de motivações conscientes (no sentido de serem "cônscias de"), de atos com consciência e de percepções que mostram a existência. Não se tratam de impulso mas de emissão de um juízo: "percebo, então existe". Como é um juízo a afirmação de Descartes – referindo-se a si mesmo: "Penso, logo existo"[95]. Mas essa posição é ainda mais próxima de

---

[94] Cf. ALES BELLO, Angela. **Husserl**: sul problema de Dio. Roma: Studium, 1985.
ALES BELLO, Angela. **Edmund Husserl**: pensare Dio, credere in Dio. Padova: Il Messaggero, 2005.
ALES BELLO, Angela. Il teismo nella fenomenologia : Edmund Husserl e Edith Stein a confronto. In ALES BELLO, A. (Org.) **Pensare Dio a Gerusalemme**: filosofia e monoteismi a confronto. Roma: Lateran Universtiy Press. 2000, pp. 279 - 296.
STEIN, Edith. **Essere finito e Essere eterno**: per uma elevazione al senso dell´essere. 4a. ed. Prefácio de L. Gelber, Apresentação de A. Ales Bello, tradução de Luciana Vigone. Roma: Città Nuova, 1999.

[95] DESCARTES, René. **Discurso do método.** Comentários de D. Huisman. Prefácio de G. Rodis-Lewis, tradução E. M. Marcelina. Brasília: Ed. Universidade de Brasília; São Paulo: Ática, 1989, p. 78.

Agostinho que dizia: "eu tenho uma ciência (então consciência, conhecimento) íntima pela qual eu sei que existo."[96] Para Agostinho, ciência íntima é tomada como uma experiência, uma percepção interior. Ao invés, Descartes fala em *cogito,* pensar (não em ter experiência). Essa é uma diferença importante porque desde o *cogito* chega-se a dizer "eu sou" e partindo da experiência interior chega-se a firmar "eu sei que existo" (a própria vivência perceptiva que permite dizer "existe").

Quando Husserl propõe colocar entre parênteses a existência, estava dialogando com Descartes (que duvidava da existência). Ao invés, Husserl diria: "eu não nego a existência, coloco entre parênteses para compreender o sentido"[97]. Assim, a existência vem a ser recuperada por meio da percepção, pois a percepção me diz que existe.

A relação entre essência e existência foi mais desenvolvida por Stein do que por Husserl, por ser um tema metafísico clássico. Ainda que Husserl tenha enfrentado esse tema metafísico clássico ao problematizar a relação entre essência e existência (quando propõe colocar entre parênteses a existência para encontrar a essência), sua argumentação é somente do ponto de vista cognoscitivo. E quando fala da realidade última de todas as coisas, chega a Deus como fundamento, como origem das coisas: Deus

---

[96] "Sabemos que estamos vivos, por um conhecimento íntimo." AGOSTINHO DE HIPONA, Santo. **A trindade.** Tradução de A. Belmonte. 2. ed. São Paulo: Paulus, 1995, p. 510. Cf. v. XV, 12.
ALES BELLO, Angela. Edith Stein: intima scientia. In ALICI, L., PICCOLOMINI, R. & PIERETTI, A. (Org.s). **Esistenza e libertà**: Agostino nella filosofia del Novecento. Vol. 1. Roma: Città Nuova, 2000, pp. 73 - 85.
[97] Sobre o caráter realista da fenomenologia, Cf. ALES BELLO, Angela. **A fenomenologia do ser humano**: traços de uma filosofia no feminino. Tradução de A. Angonese. Bauru, SP: Edusc, 2000.

cria; não problematiza essência e existência por não se ocupar de metafísica.

II.7. Atos livres e impulsos

Já verificamos que cônscios de algo, então, exercemos atos livres. E justamente por serem livres se referem ao eu que se volta a alguma coisa, e, em seguida, há aceitação ou refutação. A liberdade é o início desse processo de aceitar ou refutar.

Indiquemos os aspectos que Stein menciona sobre o que vem a ser ato livre. Como acontece uma ação? Eis um exemplo:

> Consideremos que eu tenha me proposto a comunicar a alguém uma coisa importante, mas em ocasião oportuna. Encontro-me com aquela pessoa e enquanto conversamos o "momento favorável" se apresenta; assim que isto fica claro para mim, digo interiormente "agora!" e comunico o que eu tinha me proposto. Dizer "agora!" não é a repetição do propósito que estava comigo o tempo todo, mas é o *fiat* que passa do propósito à ação. O modo com que se delineia o *fiat* como momento característico do início do fazer – ao invés de ser propriamente um ato –, será mais evidente nos casos em que uma ação nasce diretamente de uma tomada de posição da vontade, sem que se interponha um propósito.[98]

Tendo algo importante para comunicar a alguém, durante uma conversa se espera o momento adequado para falar. Ao reconhecê-lo, é como se a pessoa dissesse um *fiat*[99]. Considerado o momento mais forte de uma aceitação

---

[98] STEIN, Edith. **Psicologia e scienze dello spirito**..., op. cit., p. 89.
[99] *Fiat* é a expressão bíblica em que Maria diz "faça-se" (Lc 1, 38). Na experiência religiosa, significa "seja feito", "eu quero", "aceito". Essa

consciente, o *fiat* permite passar do propósito à ação. Esse propósito é um querer, mas *fiat* é um querer ainda mais forte, pois vai além da intenção, ativa a realização de uma ação.

Esquema 5

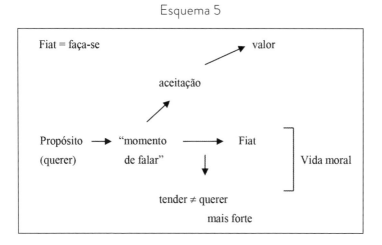

O acontecer do *fiat* tem a ver com a estrutura da vida moral[100]. Podemos permanecer no nível da emoção, mas no *fiat* alcançamos a realização da vida moral. No caso da Maria, há uma aceitação. Mas poderíamos também incluir um caso em que refuto algo voluntariamente. Numa situação em que alguém mata outra pessoa, conscientemente digo "não".

---

expressão aparece em muitos textos de filósofos daquele período, inclusive em Husserl.
Cf. HUSSERL, Edmund. **Vorlesungen über Ethik und Wertlehre. 1908-1914**. Editoração de Ullrich Melle. The Hague, Netherlands: Kluwer Academic Publishers, 1988. (Husserliana, XXVIII).
Cf. também HUSSERL, Edmund. **Zur phänomenologischen Reduktion**: texte aus dem Nachlass (1926-1935). Editoração de Sebastian Luft. Dordrecht, Netherlands: Kluwer Academic Publishers, 2002. (Husserliana, XXXIV).

[100] Cf. Esquema 5.

Aceitação ou refutação: mas por quê? Eis o problema do valor: se algo vale, eu o aceito; se não vale, eu o refuto.

Retomando a questão do impulso, Stein[101] toma o *fiat* como impulso; trata-se de um tender. No propósito há, igualmente, uma espécie de tender, mas o querer do *fiat* é qualitativamente diferente: ainda que possa existir um impulso que me leve a querer, o reconhecimento do valor faz com que se dê o *fiat*. Então, não se trata de uma contraposição: há impulsos que decidimos dar seguimento. Isso quer dizer que nem todos os impulsos precisam ser eliminados ou controlados. Alguns impulsos podem ser aceitos e levados a um nível de consciência. Por exemplo, tenho um impulso de ajudar o outro, espontaneamente, e em seguida posso decidir que seja justo e com prosseguimento cônscio de que se trate.

II.8. Causalidade, motivação, força vital e a constituição do sujeito

O tema que acabamos de abordar nos leva a outro assunto muito importante: a relação entre causalidade e motivação. Apesar de separarmos os dois nas análises, em nós eles aparecem unidos: *causalidade* e *motivação* coexistem. Stein[102] dá um exemplo voltando a falar em "sentimento vital" que – como já comentado – se refere à psique:

Quando venho a saber de uma certa notícia, começo a ficar cheia de alegria. A alegria pela notícia é determinada por causalidade: está mais viva ou menos, dependendo da tonalidade do sentimento vital dominante. É também

---

[101] Cf. STEIN, Edith. **Psicologia e scienze dello spirito...**, op. cit., p.103. Item 4.4: Tender e valor.

[102] Cf. Ibid., p. 107. Item 5.2: "A influência do mecanismo psíquico através do conteúdo da vivência".

possível que nem tenhamos força vital para a alegria, por exemplo (chega a notícia, eu deveria ficar contente, mas não consigo ter força vital para aceitá-la e nem fico alegre como deveria). Ou seja, a alegria "se enxerta no meu sentimento vital (...) A natureza do efeito pode ser diversa, segundo a natureza do sentimento".[103]

Com o tema da alegria, voltamos à fase anterior: baseado no sentimento, sou levado a cumprir uma ação, como, por exemplo, um ato de vontade baseado num sentimento. Apesar de serem aspectos que tomamos separadamente, eles estão conectados. Assim, a alegria que alguém provocou em mim, vamos supor que seja forte: alguém me dá essa alegria e eu sou motivado a um ato. E a alegria é um sentimento vital e o ato me leva ao propósito de tornar aquela pessoa feliz: causalidade e motivação se entrelaçam continuamente. E um sentimento pode inclusive chegar a me paralisar, a ponto de um ato voluntário – que seria motivado racionalmente – não poder se manifestar. Nesse sentido, a esfera emotiva comanda, de tal forma que equilíbrio entre a esfera emotiva e a esfera dos atos livres é difícil.

Outro exemplo: como readquirir a *força vital* enfraquecida? Como há uma relação entre causalidade e motivação, há uma conexão entre psique e espírito. Podemos examinar como é possível essa conexão recíproca. Stein considera que com força vital fraca, às vezes, não conseguiremos ativar a atividade espiritual. Porém, é verdade também o contrário.

> Em um estado de cansaço, quando eu me sinto quase "sem vida", interiormente endurecida, pego um livro ou um poema que me agradam muito e sou tomada pelo entusiasmo por sua beleza. Em um primeiro momento,

---
[103] Ibid.

talvez, seja difícil conseguir encontrar o entusiasmo – a força que me é dada, de fato, é só o suficiente para poder viver aquele conteúdo – mas, passo a passo, ele começa a fluir, invade-me sempre mais e no final me inunda completamente; o cansaço se esvai e me sinto renascida, com frescor e vivacidade, cheia de estímulos para uma nova atividade vital.[104]

Em outra passagem, dedicada à intersubjetividade, Stein diz que o relacionamento com o outro pode ajudar-nos muito, pois também pode nos recarregar dessa força vital. Note que estamos voltando à esfera psíquica: se eu renasci, a força vital voltou, vivo um frescor e o entusiasmo se manifesta a mim em uma série de estados psíquicos.

> Enquanto o sujeito psíquico real se constitui fundamentado em relacionamentos causais, o viver na sua inteireza (...) aparece em uma compreensão diferente. De fato, o fluxo de consciência se transforma em uma sequência de estados do sujeito real e entra plena e inteiramente na realidade.[105]

Esse é o ponto difícil do qual iniciamos: a psique é real, o espírito é real,[106] o eu real é formado de psique e espírito; as vivências espelham os atos do espírito e os atos da psique; e podemos falar também dos atos do espírito como vivências, e estados da psique como vivências.

Na Psicologia corrente, vivências se referem à psique em geral, à dimensão psíquica, mas Stein diz que sentimentos vitais e estados psíquicos são vivências da psique, assim como os atos voluntários também são vivências. Porém, essas vivências que ora examinamos são diversas, específicas:

---

[104] Ibid., p. 108 - 109.
[105] Ibid., p. 109.
[106] Cf. Esquema 3.

são atos que espelham num nível chamado consciência, no nível do fluir das vivências. Eis, então, dois usos diferentes da palavra "vivência" (*Erlebnis*).

O primeiro uso do termo "vivência" denota o que habitualmente fazemos: falamos em vivências para designar estados ou atos e dizemos que a psique tem suas vivências. Stein aponta a verdade desse uso geral: os estados vitais e os sentimentos vitais são vivências, assim como os atos voluntários também são vivências; mas é o espírito que vive seus atos e é a psique que vive seus estados.

Porém o termo "vivência" é utilizado também para indicar outra coisa, mais refinada. Citamos anteriormente, ainda que brevemente, três graus: sentido de bem-estar, sentir o sentido de bem-estar, consciência desse viver.[107] Os três graus são vivências também, mas a consciência de viver é vivência em um sentido diverso: nos faz entender que as outras vivências existem.

Stein, a esse respeito, diz: "O duplo significado que podemos atribuir à vivência não deve, todavia, induzir a cancelar a profunda diferença existente".[108] Nós dizemos vivência, mas há uma profunda diferença:

> As vivências puras são cônscias [do que se dá] (...) e fundamentado nessa consciência elas são diretamente apreensíveis na reflexão. Os atos psíquicos não são conscientes no sentido originário, mas no sentido que também o *correlato* da vivência é indicado como consciente.[109]

Sendo que a palavra "vivência" indica dois significados distintos, vamos nomear essas vivências: vivência α – que

---

[107] Cf. Item I.5. "Psique, esfera passiva e consciência" no presente livro.
[108] STEIN, Edith. **Psicologia e scienze dello spirito...**, op. cit., p. 109.
[109] Ibid.

se refere a atos do espírito – e vivência β – faz referência os estados da psique. De fato, a fenomenologia usa a mesma palavra "vivência" para indicar também a vivência α que tem a mais o termo "consciência". Se aceitarmos que o termo "vivência" é aquele α, então os estados da psique não poderão mais ser denominados simplesmente de vivências: deveremos chamar de vivência β.

Por que essa confusão? Porque esses estados psíquicos se manifestam no nível da consciência. Porém, são ali colhidos em sua pureza, não são vividos realmente. São como o "espelho". Imaginem um espelho que refletisse o nosso eu real: a figura do espelho não é real do mesmo modo, mas corresponde a mim. Posso dizer: "é uma bela imagem!", ou seja, a imagem no espelho é o reflexo consciencial do que sou. No que diz respeito ao bem-estar, digo bem-estar como estado real na psique, e para ter consciência do bem-estar preciso viver bem-estar.

Por essa razão, posso usar a palavra "vivência". Apesar de haver um uso diverso do mesmo termo, não é exatamente diferente, pois se trata de sentidos correlatos. Diante do espelho, o eu é real e a imagem é consciencial.

Por que o espelho é importante? Imaginemos que os espelhos não existam. Conheceríamos a nós mesmos? Saberíamos como nosso próprio rosto é? Esse que é o ponto. O espelho dá a consciência de mim mesmo. Pensemos na figura mitológica de Narciso: como não havia espelhos, ele se olhava refletido na água e se enamorou de si mesmo, que considerava quase como um outro. Claro que a consciência de si não se refere somente ao rosto. O espelho é a consciência que diz da consciência que temos de nós mesmos. Vivemos na consciência os estados psíquicos e os atos do espírito.

Quanto ao espelho-consciência, o eu real está dentro ou fora do espelho? Fora. Os estados da psique e os atos do espírito enquanto reais estão dentro ou fora? Fora. Tanto é, que a consciência é *transcendente* em relação à psique e ao espírito. Esse exemplo ajuda a entender que há estratificações internas. Na verdade, tudo isso é unitário, mas nós estamos tentando compreender as estratificações internas. Portanto, a consciência é capaz de olhar alguma coisa fora de si, como correlato, porém.

Se, como estado, vivemos um bem-estar, temos a consciência do bem-estar. Se, como estado, temos alegria, temos a consciência da alegria. A alegria é uma vivência α ou β? É uma consciência alfa se já a considerarmos como nível da consciência; beta se a considerarmos como estado real.

Pensemos no estar bem aplicando ao esquema da própria Stein examinado anteriormente:

> Em cada vivência distinguimos antes de mais nada: 1) um *conteúdo* é recebido na consciência (por exemplo, um dado relativo a cor ou um senso de bem-estar); 2) *viver* esse conteúdo, apreendê-lo na consciência (ter sensações, sentir uma sensação de bem-estar); 3) a *consciência* desse viver, em maior ou menor medida, o acompanha sempre, pelo qual o viver mesmo é indicado como consciência.[110]

Tudo acontece conjuntamente: tenho a consciência de estar bem, porque a minha psique está bem e sente estar bem. Por que isso acontece? Porque a força vital naquele momento está boa, e isso se refere à psique.

Podemos fazer o mesmo em relação à vontade. O espírito propõe, decide e podemos falar do *fiat* como uma decisão. Onde me dou conta que o espírito propõe e decide? No nível da consciência.

---

[110] Ibid., p. 52.

CAPÍTULO III
PESSOA, COMUNIDADE E SOCIEDADE

III.1. Vivência e experiência

Tematizemos o significado dos termos "vivência" e "experiência".

Experiência é um conceito muito amplo e, portanto, precisa ser especificado. Precisamos dizer como as experiências acontecem. A experiência é a relação que o ser humano tem com as coisas do mundo externo, mas também consigo mesmo. Portanto, trata-se de um movimento, porque a palavra "experiência" vem justamente de *experire*, termo latino significando "ir, andar", andar para compreender como estão as coisas, mas significa, inclusive, que o ser humano está sempre em movimento cognoscitivo. Então, experiência pode ter o significado de um movimento *cognoscitivo* ou de experiência *psíquica*. Quando temos estados vitais e sentimentos vitais, temos experiências. É experiência, por exemplo, o conhecimento de um objeto por meio da percepção geral – como vimos –aprendendo a relação entre uma coisa e as outras.

Na fenomenologia, perguntamos qual o sentido da experiência. Para acessar o sentido, precisamos, antes de tudo, compreender que existe a dimensão da consciência pela qual o ser humano é consciente e encontramos a experiência viva. Assim, experiência viva é vivência. Nesse sentido, experiência e vivência, de certa forma, coincidem. Mas como o termo "experiência" é usado por todos com outros sentidos também, Husserl especifica que a experiência passa pelas vivências das quais temos consciência. Isso quer dizer que percebemos em diversos níveis: em níveis mínimos e níveis mais elaborados. Portanto, experiência se refere, em particular, aos primeiros níveis do nosso conhecimento.

Vimos, acima, que Husserl descreve os níveis da percepção e apercepção. No livro *Experiência e juízo*,[111] Husserl comenta juízo como uma forma lógica que supera o plano experiencial. Porém, também o juízo com sentido de julgamento é formado de vivências. As vivências são de diferentes tipos: perceptivas, imaginativas, de recordação, do pensamento, com qualidades diversas... A percepção não é juízo, significando contato com objeto. Ao afirmar "isso é um copo", há um julgamento, há o sentido do copo que já é um juízo.

Sempre estamos no nível do juízo, qualquer coisa digamos. Dizer "por favor, feche a janela", é um julgamento. Não falamos somente com uma palavra, por exemplo, "janela", mas falamos: "feche a janela". Em relação à experiência da realidade janela, falamos sempre de maneira articulada, envolvendo julgamentos.

Inclusive no nível mais simples, isso acontece: por exemplo, quando ensinamos a criança a falar. Diz-se, primeiro, copo. Agora ela aprende copo. Depois: "dá-me copo". "Dá-me" já é um juízo, exigindo uma forma elaborada. Nós temos necessidade dessas experiências e sabemos que a nossa vida se desenvolve no nível do juízo.

---

[111] HUSSERL, Edmund. **Esperienza e giudizio**: ricerche sulla genealogia della logica. Tradução de F. Costa & L. Samonà. Milano: Bompiani, 1995.

Ao nos referirmos à alegria como um sentimento vital: pensar "sinto alegria" é um juízo. Eu sinto e eu gravo em mim mesmo consciencialmente a vivência da alegria: portanto, posso afirmar "tenho essa vivência". Quando eu falo "eu", já me ponho no ponto de referência: sou eu que tenho vivência da alegria. O processo seria: sinto alegria, tenho consciência da alegria, vivência da alegria. Posso dizer a mim – ainda que sem dizer para fora de mim – "tenho alegria": é um modo intersubjetivo de expressar e envolve juízo.

Tomemos o Esquema 6 como referência. Partimos de consciência e vivências. Essas vivências correspondem, dentro do sujeito, à psique e ao espírito. E essas vivências correspondem também àquilo que está fora, a realidade externa.

Esquema 6

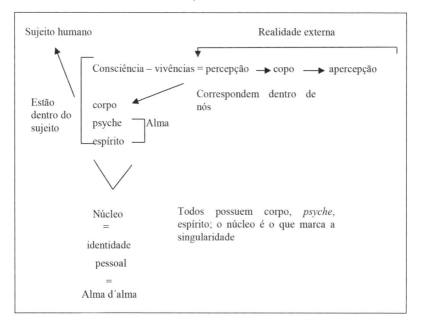

III.2. Corpo, psique e espírito: pessoa

O corpo é muito ligado à psique e ao espírito, mas a primeira ligação é com a psique. Como nós conhecemos o corpo? Sempre com a vivência. Para compreender isso, façamos a experiência de fechar os olhos. Percebemos que estamos sentados sobre uma cadeira: sinto algo que é meu e algo que não é meu, existe um limite percebido pela sensação do tato: há o limite entre a cadeira e o corpo. Também percebo que há outro limite com o corpo: o chão. Quando os astronautas estão nas astronaves, flutuando, sem gravidade, eles têm que encontrar um modo para se apoiar, porque a sensação de não poder apoiar é a sensação de quase não ter corpo. O corpo é delimitado pelo contato com mundo físico. Temos a vivência da sensação do tato e afirmamos: "tenho um corpo". Não só por isso, pois também nos vemos. Porém, vemos somente a frente do nosso corpo. A principal sensação do corpo é a tátil, que sempre é registrada como vivência. Essa sensação me acompanha passivamente: não fico prestando atenção e tomando consciência a cada momento. Apenas percebo quando, por exemplo, me bato. Felizmente não percebemos isso continuamente.

A vivência do tato – que é importante – é difundida em todo o corpo. Conhecemos o corpo por meio das sensações corpóreas. Pode-se fazer o exercício de, ao invés de concentrar a atenção sobre a cadeira, fixar a atenção no estômago, no coração... Registramos os movimentos dos órgãos internos e chegamos a dizer: "temos esse corpo".

Edith Stein fala de estrutura da pessoa humana, em todos os sentidos, inclusive sobre o corpo em várias obras.[112]

---

[112] Cf. STEIN, Edith. **La struttura della persona umana**. Presentazione di A. Ales Bello, traduzione di M. D'Ambra. Roma: Città Nuova, 2000.

No texto que aqui examinamos – *Psicologia e ciências do espírito*[113] – ela trata de psique e do espírito. Para chegar a saber o que é a psicologia e o que são as ciências do espírito, é necessário saber o que é psique e espírito. Da análise, chega-se ao significado de estudar a psique e/ou espírito. Até o ponto que examinamos, Stein ainda não fala da psicologia, pois está fazendo uma discussão filosófica sobre o sujeito humano, que tem psique. E quando Stein considera uma parte do sujeito não quer esquecer as demais. Frequentemente considera-se quase exclusivamente a psique, considerando ser a mais importante. No entanto, existe também o espírito. Vimos, por exemplo, que a motivação e até a própria apercepção indicam os atos resultantes de atividade espiritual do ser humano. Identificamos atos específicos como o de tomada de decisão chamado *fiat*. Na tomada de decisão corpo não entra diretamente: se eu tomar a decisão de ir é claro que entrará o corpo também, mas o corpo sozinho não se movimenta. Pode entrar a psique também: pode ser um estado vital de força que me impulsiona a ir. Mas a decisão de ir não é do corpo nem da psique: é uma decisão que indica uma atividade diferente. Nós a chamamos de "espírito", pois na tradição alemã a atividade humana é *"espírito"* (*Geist*).

Particularmente no item III.1 do capítulo VII: "Unidade de corpo vivo e alma".

STEIN, Edith. **Introduzione alla filosofia**. Tradução de Anna Maria Pezzella. Roma: Città Nuova, 2001. Particularmente intem "A) Corporeidade" do cap. II da segunda parte (pp. 160 - 170).

STEIN, Edith. **Potenza e atto**: studi per uma filosofia dell'essere. Tradução de A. Caputo. Roma: Città Nuova, 2003. Particularmente "A formação do corpo" (VI.23.c).

[113] STEIN, Edith. **Psicologia e scienze dello spirito**: contibuti per una fondazione filosofica. Apresentação de A. Ales Bello, tradução de A. M. Pezzella. Roma: Città Nuova, 1999.

O corpo e a psique existem também no mundo animal. Diz-se que alguns animais superiores parecem ter atividades diferentes que poderiam ser uma espécie de espírito, mas não é isso. A atividade espiritual é própria da pessoa humana.

III.3. Núcleo da pessoa: princípio identitário

Com o que foi desenvolvido até aqui, examinamos quase todo o percurso de análise da estrutura da pessoa humana apresentado por Edith Stein em *Psicologia e ciências do espírito*.[114] Enfocamos a psique e sua relação com o corpo, o espírito e a consciência que nos permite conhecer o que acontece em nós e em torno a nós. Vejamos agora um ponto fundamental: o *núcleo da pessoa*.[115]

> Sabemos que o estado psíquico momentâneo de uma pessoa não depende somente de sua história de vida e das condições presentes, mas é também determinado pelo *núcleo da personalidade*, ou seja, aquela consistência imutável de seu ser que não é resultado do desenvolvimento, mas que pelo contrário impõe ao desenvolvimento mesmo um certo andamento. É preciso ter consciência também desse núcleo quando devemos prever um estado psíquico. E quando se trata de determinar uma *atividade* futura, é preciso tomar

---

[114] STEIN, Edith. **Psicologia e scienze dello spirito**..., op. cit.

[115] Stein desenvolve o tema "núcleo da pessoa" em diversas outras obras, tais como:
STEIN, Edith. **Introduzione alla filosofia**... op. cit., particularmente §2: "O eu pessoal" do item II.B.3 da segunda parte.
STEIN, Edith. **Potenza e atto**..., op. cit., particularmente o item 23.f do capítulo VI: "Unidade da alma, força vital, estrutura do núcleo pessoal".
STEIN, Edith. La struttura ontica della persona e la problematica della sua conoscenza. In STEIN, Edith. **Natura, persona, mistica**: per una ricerca cristiana della verità. Tradução de Michele D´Ambra. 2a ed. Roma: Città Nuova, 1999, pp 49 - 113. Particularmente o item I: "Natureza, liberdade e graça".

em consideração, como um fator específico, também a *vontade*, porque vimos que esta não pode ser deduzida somente da força vital ou dos motivos.[116]

Ou seja, devemos levar em consideração o ato específico da vontade. Mas a vontade não é o núcleo. Núcleo é princípio de identidade da pessoa. Em *Potência e ato*[117], Stein trata do desenvolvimento humano da potência, das capacidades que temos e de sua realização. Todos nós temos psique, espírito, corpo; todos esses aspectos são capacidades. Na psique, podemos ter estados vitais; no âmbito espiritual, podemos realizar atos voluntários, intelectuais, de conhecimento; no corpo, podemos fazer movimentos, por exemplo. São capacidades que podemos e devemos desenvolver. Num certo ponto, essas capacidades enfraquecem e morremos. Portanto, psique, espirito e corpo valem para todos; mas por que existe cada pessoa humana com sua identidade?

O *núcleo* – elemento último profundo – representa aquilo que diz respeito às características absolutamente singulares. Esse núcleo identitário não se desenvolve mas dá a direção, como se indicasse a estrada ao espírito e a psique. Se soubermos identificar a estrada indicada, haverá possibilidade de seguir o próprio princípio de identidade pessoal.

Em obras posteriores, Stein desenvolve esse tema, inclusive, no sentido metafísico-religioso[118] e chega a conclusão de que o núcleo é a *alma da alma* (tomando alma como psique

---

[116] STEIN, Edith. **Psicologia e scienze dello spirito**..., op. cit., p. 123-124.

[117] STEIN, Edith. **Potenza e atto**..., op. cit.

[118] Cf. STEIN, Edith. **Essere finito e Essere eterno**: per uma elevazione al senso dell´essere. 4a. ed. Prefácio de L. Gelber, Apresentação de A. Ales Bello, tradução de Luciana Vigone. Roma: Città Nuova, 1999. Particularmente o §3.4 do capítulo VII: "Eu, alma, espírito, pessoa". STEIN, Edith. La struttura ontica della persona... op. cit.

e o espírito num conjunto).[119] O que se entendia como alma, no sentido tradicional, é mais que o núcleo. Nesse momento, em *Psicologia e ciências do espírito*, Stein está trabalhando no sentido descritivo e chegando à constatação do núcleo. No sentido metafísico-religioso menciona o núcleo como identidade pessoal dada desde o nascimento e fonte de direcionamento durante toda a vida. A pessoa pode procurar manter a direção indicada na própria experiência, e o núcleo possibilita, então, o desenvolvimento da psique e do espírito em consonância com o próprio ser. O texto evangélico traz a frase "Se vocês não se tornarem como crianças, não entrarão no reino dos céus"[120] e pode-se tomar a expressão "tornar-se criança" como manter o núcleo como um bem que nos fora dado, manter o que nos foi dado na origem.[121]

Em *Potência e ato*[122], Stein apresenta uma análise descritiva e interpreta, de modo fenomenológico, alma como

---

[119] Cf. Esquema 6. Ct também STEIN, Edith. **Potenza e ato**..., op. cit., particularmente "Essência, potência e núcleo da alma" (VI.9).

[120] Cf. Mt 18,3.

[121] "O que o ser humano é autenticamente – aos olhos dos outros, que o consideram desde fora e também aos próprios olhos na medida em que ele se vê como os outros o veem – é algo escondido por aquilo que ele se torna no curso de sua vida: a criança, por exemplo, se torna adulto, o adulto se torna ancião e aqueles que estiveram com ele veem as mudanças e percebem muito pouco do que ele foi; os descendentes que conhecem só o seu presente têm dificuldade pra imaginar que tenha sido diferente. Ele mesmo, porém, se não se considera exteriormente mas recorre ao seu mais interior sentimento vital, permanece, em um certo sentido, sempre o que era e só com dificuldade pode conceber que ele seja como os outros o veem. Quanto mais ele vive profundamente, tanto mais claramente se manifesta seu núcleo e tanto menos importante serão as mudanças as mudanças exteriores, e no reino dos céus todos devem entrar como 'crianças': isso significa que se deva entrar assim como eram originariamente?". STEIN, Edith. **Potenza e atto**..., op. cit., p. 222 (em V.8.e.6: "Síntese dos resultados provisórios obtidos sobre núcleo da pessoa").

[122] Cf. STEIN, Edith. **Potenza e atto**..., op. cit. No capítulo "V. Tentativa de determinação do que é espiritual" o item 8.e é dedicado a "O núcleo da pessoa" (pp. 198 – 230).

núcleo pessoal. E o faz em diálogo com as concepções de Tomás de Aquino, chegando a uma originalidade, sem se opor a ele.

III.4. Vida do espírito e consciência da alteridade pessoal

Estamos examinando o sujeito. Analisando as coisas do mundo físico, identificamos que elas não têm alma, não têm vida psíquica ou espiritual: por isso dizemos matéria, material. Elas assemelham-se um pouco ao nosso corpo, porém não têm uma vida. Poder-se-ia até fazer uma análise de certos objetos construídos que têm movimentos específicos, tocaríamos na capacidade do ser humano de construir coisas imitando a vida, quase autônomas em relação ao próprio ser humano. A atividade do espírito humano possibilita aceitar e transformar a realidade. Um pedaço de madeira comporta transformações simples, bem mais simples do que lidar com a árvore (por envolver de modo mais complexo a realidade da natureza); e lidar com pessoas é ainda mais complexo.

Pessoa não é igual à árvore ou à madeira: tem psique e espírito. E como chegamos a afirmar que as pessoas têm psique e espírito? Porque existe a *empatia*: uma *vivência* particular pela qual com rapidez sinto, percebo e intuo que existem outras pessoas como eu sou pessoa. Trata-se de um tipo de vivência a partir da qual posso afirmar: nós sentimos, intuímos... existem seres viventes como nós e portanto, com espírito, psique e corpo.

Empatia é o tema da tese de doutorado de Edith Stein intitulada *O problema da empatia*[123]. Na obra *Psicologia e ciências*

---

[123] STEIN, Edith. **Il problema dell'empatia**. Introdução e notas de E. Costantini, Apresentação de P. Valori, tradução de E. Costantini e E. S. Costantini. Roma: Studium, 1985.

do espírito, que redige em seguida, ela aprofunda a análise do sujeito e trata pouco de empatia por ter sido investigada em sua tese[124]. Ali fala mais das outras pessoas, acentuando o sujeito na *intersubjetividade*.[125]

A análise da empatia inclui todos os passos que abordamos sobre o conceito de *vivência*. Empatia é uma possibilidade de captar, conhecer. Trata-se de uma compreensão do outro que se caracteriza por não ser imediatamente intelectual: somente num segundo momento se torna intelectual. De fato, todas as vivências se transformam em conhecimento intelectual e em juízo somente *a posteriori*. Mas, nessa obra[126] ela se interessa fundamentar como é que nós podemos chegar a dizer que o outro é pessoa. Porque "pessoa" designa um ente que possui espírito – aspecto importante para toda a filosofia do século XX. Muitos filósofos franceses mencionaram "pessoa" como entidade espiritual: Emmanuel Mounier[127], do Personalismo; Jacques Maritain[128], Gabriel Marcel[129], dentre outros.

---

[124] Cf. STEIN, Edith. **Psicologia e scienze dello spirito**..., op. cit. Na Parte I, capítulo V, §5.5: O problema da determinação; na Parte II, capítulo I, §1.1: A estrutura da vivência comunitária e capítulo §1.2.a: A sensibilidade e a intuição sensível.

[125] Sobre o tema, cf. também:
ALES BELLO, Angela. Analisi fenomenologica dell'empatia. In GAROFALO, A. & DEL PISTOIA, L. (Org.s) **Sul comprendere psicopatologico**. Pisa: ETS, 2003, pp. 65 - 78.

[126] STEIN, Edith. **Psicologia e scienze dello spirito**..., op. cit.

[127] Cf. MOUNIER, Emmanuel. **O personalismo**. Tradução de J. B. da Costa. 2a. ed. São Paulo: Duas Cidades, 1964.

[128] Cf. MARITAIN, Jacques. **Os direitos do homem e a lei natural**. 3a. ed. Tradução de A. Coutinho. Rio de Janeiro: José Olympio, 1967.

[129] Cf. MARCEL, Gabriel. **Les hommes contre l'humain**. Paris: La Colombe, c1951.
MARCEL, Gabriel. **Homo viator**: prolegomenes a une metaphysique de l'esperance. Paris: Aubier, c1944, impressão 1963.

III.5. Pessoa e comunidade

Como pessoas se organizam? Como vivem juntas? O que significa "viver juntas"? Para Stein, o aspecto mais importante do viver juntos é a *comunidade*.

Comunidade é conceito muito presente na cultura alemã pela tendência a valorizar a coletividade mais do que a singularidade (em contraste com o mundo latino em geral, que tende ao individualismo). O mundo germânico mantém fortes e antigos vínculos tribais (entendido como comunidade de sangue, parentela e amizade). No mundo latino, porém, houve uma superação: os romanos superaram a condição tribal por meio da concepção em que o indivíduo era mais importante que o liame familiar, com nítidas consequências no Direito Romano que dá ênfase na *pessoa* com o direito privado. O risco é o individualismo e a vantagem é que cada pessoa vai cuidar de seu direito. E a impessoalidade do direito – ou seja, a lei vale para todos, independentemente a que família cada pessoa esteja ligada – é um avanço importantíssimo.[130]

A cultura germânica sempre foi mais ligada à comunidade, mesmo aceitando o Direito latino. A Inglaterra e os Estados Unidos, pelo contrário, têm o direito consuetudinário[131], que lembra o direito tribal, de modo que, ao julgarem uma situação, analisam os juízos precedentes, conservando

---

MARCEL, Gabriel. **Il mistero dell'essere**. Tradução de G. Bissaca. Torino: Borla, 1970.

[130] Sobre relação entre direito e pessoa, Cf.
STEIN, Edith. **Uma ricerca sullo Stato**. Tradução de A. Ales Bello. Roma: Città Nuova, 1999.
ALES BELLO, Angela. Persona e Stato in Edith Stein. In AA.VV. **Edith Stein**: una vita per la verità. Roma: Edizione OCD, 2005, pp. 73 - 90.

[131] No direito consuetudinário os costumes estabelecidos são considerados leis.

a tradição jurídica. Enquanto dos pontos de vista latino e germânico, tendem a respeitar a lei, que não é estabelecida pelos juízes.

A questão do Direito nos ajuda a enfrentar o problema da comunidade. Como compreender o que significa "comunidade"? Esse é um tema que Stein desenvolve de maneira muito original: comunidade não absorve a pessoa, pois é comunidade de pessoas.[132]

III.6. Vivência pessoal e vivência comunitária

Cada eu individual vive como pessoa e como comunidade. No segundo nível, nós não somos absorvidos pela

---

[132] Sobre a relação indivíduo e comunidade ou pessoa e comunidade Cf.:
STEIN, Edith. **Psicologia e scienze dello spirito**..., op. cit. Particularmente a Parte II que é toda dedicada a "Indivíduo e comunidade".
STEIN, Edith. **Introduzione alla filosofia**..., op. cit. Particularmente quando se refere ao acontecimento histórico como vital, configurando-se no intercruzamento de significados pessoais e coletivos a cada momento: capítulo IV: "As ciências da subjetividade".
STEIN, Edith. **La struttura della persona umana**..., op.cit. Particularmente cap. VIII: "A pessoa como ser social: Pertencimento da dimensão social ao ser da pessoa".
STEIN, Edith. La filosofia esistenziale di Martin Heidegger. In STEIN, Edith. **La ricerca della verità**: dalla fenomenologia alla filosofia Cristiana. 2a. ed. Roma: Città Nuova. 1997, pp. 153 – 226. Texto originalmente concebido como apêndice do livro "Ser finito e Ser eterno", apresenta uma crítica à concepção de comunidade do primeiro Heidegger ao valorizar a participação da alteridade na autenticidade pessoal (no item B.II da parte Ser e tempo: "A análise do Dasein é fiel?").
Sobre a relação pessoa – comunidade – sociedade – Estado na obra de Edith Stein, Ales Bello apresenta uma síntese em:
ALES BELLO, Angela. **A fenomenologia do ser humano**: traços de uma filosofia no feminino. Tradução de A. Angonese. Bauru, SP: Edusc, 2000.
ALES BELLO, Angela. **Edith Stein**: a paixão pela verdade. Tradução de José Queiroz, Apresentação Ir. Jacinta Turolo Garcia, Márcio Luiz Fernandes, Clélia Peretti. Curitiba: Juruá, 2014.

comunidade, pois permanecemos sempre como eu pessoal. Assim, vivemos de modo pessoal aquilo que a comunidade vive. Esse é um conceito difícil para os latinos, por pensarmos em termos individuais. Mas Stein aponta a possibilidade também de vivências comunitárias do eu individual, justificando a vida comunitária, familiar, inclusive a vida das comunidades religiosas.[133] O ser humano vive singularmente, mas vive também na comunidade, onde se estabelece. Não existe uma consciência da comunidade, pois a consciência é apenas individual. Porém, a consciência individual pode viver as vivências comunitárias.

Esquema 7

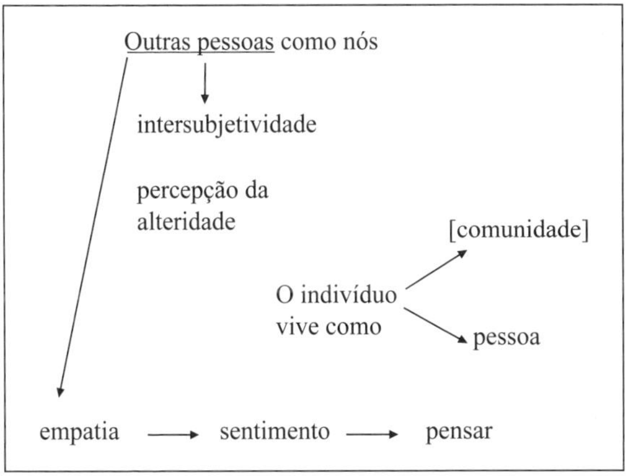

```
        Outras pessoas como nós
                ↓
        intersubjetividade

        percepção da
        alteridade
                                [comunidade]
                    O indivíduo ↗
                    vive como
                                ↘ pessoa


empatia  →  sentimento  →  pensar
```

Para compreender a vivência comunitária, Stein nos oferece um exemplo[134] de sua própria experiência junto a

---

[133] Cf. STEIN Edith. I fondamenti teorici dell´opera di educazione sociale. In STEIN, Edith. **La vita come totalità**: scritti sull educazione religiosa. Roma: Città Nuova, 1999, pp. 49 - 70.

[134] Cf. STEIN, Edith. **Psicologia e scienze dello spirito**..., op. cit. (Parte II, capítulo 1, item 1.2: "A estrutura da vivência comunitária"). O exemplo é analisado às pp. 163-169.

um grupo do exército durante a Primeira Guerra Mundial, quando interrompeu seus estudos universitários para trabalhar voluntariamente como enfermeira da Cruz Vermelha[135]. Ali teve uma grande experiência, sobretudo, com soldados alemães mas também com os húngaros. Sua autobiografia[136] relata que chegou a aprender o idioma húngaro para compreendê-los, pois a dificuldade com a língua alemã os tornavam mais necessitados de cuidados.

O exemplo é o que segue:

> A tropa de que faço parte vive a dor pela perda de seu comandante. Comparando essa dor com aquela que sinto na perda de uma pessoa amiga, vemos que os dois casos se distinguem em muitos aspectos: 1) o sujeito que vive a dor é diverso; 2) a estrutura da *vivência* é diferente; 3) o *fluxo* em que a vivência se insere é de gênero diferente.[137]

Ela procura demonstrar que existe um fluxo de vivências comunitárias (ainda que não um fluxo de consciência da comunidade): quando vivo dor por perder um amigo, essa é minha dor é absolutamente pessoal; fazendo parte do batalhão, estou triste e os outros também estão tristes, estabelece-se uma outra relação de comunidade: vivo também a dor da comunidade, "todos juntos participam da constituição da vivência da comunidade".[138] Neste último caso, não se pode falar de eu-comunitário, mas de vivências comunitárias, sim. Note por quê:

---

[135] O dado autobiográfico está relatado em STEIN, Edith. **Storia di uma famiglia ebrea**: lineamenti autobiografici: l'ininfanzia e gli anni giovanili. Tradução de B. Venturi. Roma: Città Nuova, 1999. Particularmente no capítulo VIII: "Do serviço no hospital militar de Mährisch-Weisskirchen".

[136] Ibid.

[137] STEIN, Edith. **Psicologia e scienze dello spirito**..., op. cit., p. 163.

[138] Ibid, p. 165.

A tristeza é um conteúdo individual que sinto, mas *não* é somente isso. Ela tem um *sentido* e pretende, em virtude desse sentido, ser válida para algo que se encontra para além da vivência individual, que existe objetivamente e por meio do qual ela é fundamentada racionalmente.[139]

A tristeza é vivida por mim, mas a tristeza tem um sentido que não é somente meu, mas do grupo. Assim, eu vivo a tristeza como minha e como do grupo.

Eis um exemplo que compreendemos mais facilmente: Numa família bastante unida acontece algo negativo (poderia ser também algo positivo): não somente se sentirá a dor pessoalmente, mas se sentirá uma dor pela família. Stein está descrevendo em termos mais teóricos: Por que sentimos essa duplicidade? Porque a tristeza, que tem um sentido para nós, tem um sentido para aquele grupo; o que significa que quando vivemos em uma comunidade que funciona (existem também comunidades que não funcionam), apresenta-se um fluxo de vivências comunitárias. Uma comunidade funciona se existe unidade de vivências comunitárias.

Em algumas situações nós escolhemos uma comunidade. E por que nós a escolhemos? Para inserirmo-nos no fluxo da vivência comunitária. Aqui temos a compreensão do duplo nível de vida que sempre acontece, atualiza-se a cada momento; e se pode concretizar também num nível diverso.

Stein comenta ainda outro aspecto importante: e por que se poderia chegar a dizer, por exemplo, "não gosto desse povo, faz coisas de que não gosto, não quero mais fazer parte desse povo"? Pode-se ter desejo de sair desse povo por uma desilusão em relação ao fluxo de vida comunitária. O mesmo pode acontecer numa família. Estamos inseridos em contextos coletivos, vivemos nesse duplo nível (pessoal e

---

[139] Ibid., p. 164.

comunitário) e gostaríamos que se realizasse uma concórdia comunitária. Trata-se de um problema moral, claramente. Aqui, também se inclui o tema da *tradição*:

> Com todo o nosso saber, proveniente da experiência, não nos enraizamos somente no que percebemos com nossos sentidos, mas naquilo que foi escutado, proveniente de toda parte e acolhido pela tradição. E vice-versa: o que aprendemos a conhecer, não o aprendemos como indivíduos, mas da comunidade que contribuímos para construir o seu tesouro de experiência. É necessário destacar que a simples soma das experiências individuais não basta pra produzir a experiência comunitária. Para que esta possa formar-se, as vivências individuais devem possuir um significado duradouro que faça surgir deles uma formação unitária superior.[140]

O fluxo de vivências comunitário tem toda uma história em cada comunidade, no sentido que vem transmitido de uma geração a outra. Se não é passado de um a outro vem a faltar esse sentido comunitário, o povo acaba.

Retomemos o exemplo da tristeza. Cada membro individualmente tem sua vivência de tristeza, mas também o conteúdo de vivência da comunidade. Quanto a isso, Stein menciona:

> O significado da tristeza que se refere à perda da tropa, pode ser vivido por cada membro. Uma vivência deste conteúdo de sentido é requerido seja pela tropa enquanto tal seja por aqueles que pertencem a ela. O que é realizado e então intencionado por aquela tristeza, requerida racionalmente nas vivências de cada membro, constitui a tristeza como conteúdo de vivência da comunidade.[141]

---

[140] Ibid., p. 176.
[141] Ibid., p. 165.

Notem o termo "racionalmente" em "requerida racionalmente". Ele quer dizer que algo tem um sentido e uma evidência. A pertença à comunidade tem um sentido e uma evidência, isto é, é uma coisa positiva: quando a comunidade não nos agrada mais, procuramos nos afastar dela e provamos uma grande dor porque não conseguimos realizar a vivência comunitária.

Stein ainda afirma:

> Não podemos falar – em sentido estrito – de um "fluxo de consciência" da comunidade. No eu individual, não separamos fluxo da consciência e fluxo da vivência, porque aqui o fluxo do viver que se produz de modo originário coincide com a sequência das vivências que persistindo formam uma unidade. Também porque na linguagem comum o termo consciência se ampliou do momento da vivência (que indicamos em sentido próprio) até a vivência tomada em sentido geral. Devemos, porém, distinguir rigorosamente a vivência da comunidade: neste caso não há um fluxo de consciência que se constitua originariamente como fluxo. As vivências da comunidade, todavia, são recolhidas em uma unidade como as do indivíduo, de tal modo que temos o direito de falar em *fluxo de vivência da comunidade*.[142]

O termo diferencial é "consciência". Não há fluxo de consciência da comunidade; a comunidade possui fluxo de vivências unitárias. Há uma unidade de vivências, mas a consciência é de cada indivíduo. A comunidade não tem consciência, não pode dar-se conta. É a consciência individual que vive a vivência comunitária. Daí a importância dos membros da comunidade: sem as pessoas não existe comunidade. Por outro lado, a pessoa pode realizar sua vida

---
[142] Ibid., p. 169.

própria em comunidade (daí o importância identitária do nome de família ou da comunidade religiosa): se isso se realizar, teremos realmente uma comunidade que funciona. Cada um de nós, com a própria identidade, faz parte da comunidade. Temos dois níveis de identidade: pessoal e comunitário.

Stein não diz que a busca pela vivência comunitária esteja no núcleo da pessoa. No núcleo, a individualidade é aberta, voltada ao transcendente: por isso pode ser respeitada na comunidade. Para ela, no núcleo há um elemento de transcendência, Deus se manifesta.[143] Não há uma teorização a esse respeito, mas se pode compreender assim.

III.7. Massa e contágio psíquico versus comunidade

Stein nos apresenta ainda outro exemplo, que é extremo, referente à tropa ou batalhão.[144] Se nenhum dos membros sentir tristeza pela perda do comandante, poderemos afirmar não ser uma perda para a comunidade. (Pode acontecer de não ser objeto de interesse de ninguém, no caso de um superior malvado, por exemplo). A morte poderia não ser valorizada pela tropa: ficam indiferentes.

Ou então, poderia acontecer de ter valor para a tropa, mesmo que apenas um dos membros sentisse dor por todo o grupo:

> Ainda que apenas *um* membro tenha realizado em si o conteúdo de sentido requerido racionalmente; já que ao menos um sente "em nome da tropa", a perda encontrou

---

[143] Cf., por exemplo, STEIN, Edith. La struttura ontica della persona... op. cit.

[144] Cf. STEIN, Edith. **Psicologia e scienze dello spirito...**, op. cit. Na Parte II, item 1.1.1: "A estrutura da vivência comunitária" (p. 165).

nele uma resposta para aquilo que ela requeria. (...) Aquilo que era *intencionado* em todos da tropa chegou ao *preenchimento* na vivência daquela única pessoa.[145]

Se um sentir por todos, haverá ali a consciência de tropa. Esse é um caso extremo, paradoxal.

Caso funcione bem, a comunidade garante a identidade pessoal, porém a identidade pessoal já existe, é um fato ontológico, está na estrutura do ser. Ainda que não existisse a comunidade, haveria a identidade; no entanto, a comunidade garante o seu desenvolvimento. Se não o garantir, aquele agrupamento humano nem poderá ser chamado de comunidade. De fato, além de comunidade, uma coletividade pode ser *massa* ou *sociedade*.

Examinemos, primeiramente, a *massa*, por ser importante para o esclarecimento do *contágio psíquico*.[146]

Os sentimentos vitais podem ser contagiados? Stein realiza extensa análise sobre isso, chegando a afirmar que existe contágio psíquico, que sem um controle espiritual, esse contágio psíquico pode arrastar a massa, que fica sem controle algum. Pode se dar em qualquer situação em que uma pessoa comanda a massa, resultando, por exemplo, no *totalitarismo*. A origem do totalitarismo é a massa arrastada por um impulso psíquico, quando a esfera espiritual – sempre existente na pessoa – não exerce sua autonomia em relação a ele.

Stein faz uma descrição do que acontece quando um chefe toma o poder: se dá *aceitação* e *convicção* sem fundamento de atividade do espírito, uma aceitação e convicção falsas por tomarem como fundamento um estado psíquico ligado a gostar ou não gostar.

---

[145] Ibid., p. 165.
[146] Ibid., Cf. Parte II, Cap. 2, item 2.4.b: "O indivíduo e a massa: o 'contágio de massa'"", p. 258ss.

No contágio psíquico, em geral, – como no caso de uma doença – é possível que estados psíquicos de um ser humano contagiem outros, no sentido que o estado de um é influenciado pelo de um outro. A esse respeito, Stein escreve:

> As últimas reflexões mostraram que um indivíduo psíquico pode influenciar um outro de um ponto de vista psíquico, sem que esteja em jogo qualquer função espiritual. Desse modo, é possível *uma mudança de comportamento* de um indivíduo sob influência de outro, uma *regularidade* nos *relacionamentos* de uma série de indivíduos que se influenciam mutuamente e um *entrecruzar-se de atividades* de diversos indivíduos que serve *objetivamente* a uma meta. Não é possível, sem uma atividade espiritual, uma *tomada de posição* recíproca dos indivíduos, uma compreensão e com ela uma cooperação planejada e, por fim, uma *atitude comunitária* no sentido mais genuíno. O viver em comum pertence à comunionalidade do relacionamento, e aquele viver é ele mesmo uma função espiritual.[147]

No sentido geral de contágio psíquico, há influência no nível puramente psíquico, mudando comportamento, instaurando relacionamentos e atividades que sigam o estado psíquico. Já quanto ao contágio de massa, ele se dá exatamente pela esfera psíquica. Stein ainda diz:

> Na massa domina uma atitude – mesmo que a este ponto não se possa falar ainda de uma verdadeira atitude – totalmente diversa daquela da comunidade e da sociedade, (...) e diversa também do que acontece no âmbito de uma união de tipo social fundamentada em uma comunionalidade da estrutura espiritual. (...) Os indivíduos que estão juntos dentro da massa não se confrontam um com o outro, não se observam reciprocamente como objetos – o que, ao invés, é característico na sociedade; além disso, não se

---

[147] STEIN, Edith. **Psicologia e scienze dello spirito**..., op. cit., p. 209.

sacrificam um pelo outro, como acontece a um sujeito que vive comunitariamente; eles não realizam ato algum fundamentado em uma possível unidade de compreensão. A vida psíquica se atua somente de modo *uniforme* à dos outros; estão unidos entre eles por comunionalidade espacial e como consequência desta.[148]

Na massa "a vida psíquica atua somente de modo uniforme à dos outros"[149] e todos estão na mesma vida psíquica. "Falta à massa a verdadeira unidade interior da qual o conjunto vive. Não se pode falar, portanto, de uma 'psique' da massa"[150], mas de psique individual que se uniformiza com a dos outros.

Obviamente aqui não se entende massa como aquela a que o político se refere quando fala, por exemplo, em vontade ou agitação das massas. As grandes classes sociais que o político indica como massas, ao invés, possuem uma unidade interna superior; quando esta vem a faltar podemos falar de massa segundo o significado que assumimos neste contexto. Não existe uma específica qualidade das massas, vale dizer, não existe qualidade alguma que seja característica de uma determinada massa e que a diferencie de outras massas ou dos membros que compõem a massa mesma. Poderia surgir alguma dúvida na definição da força vital da massa. É evidente que no interior da massa um indivíduo sofre influência da força vital de outro.[151]

A influência pela força vital do outro ocorre porque esse encontro se dá a nível psíquico. Como acontece isso?

A concepção dominante de *sugestão* é que se trata primariamente de um modo de *inculcar* [não produzir] *representações*,

---

[148] Ibid., p. 258 - 259.
[149] Ibid., p. 259.
[150] Ibid.
[151] Ibid.

caracterizado por uma vivaz intuitividade sensível e pela produção de um forte impulso à atividade. Com a expressão *inculcar* entende-se, portanto, que a representação foi aceita "sem qualquer fundamento lógico".[152]

A sugestão acontece e caminha lado a lado com a convicção. Mas essa convicção é um convencimento, que parece original e pessoal – a pessoa a considera como própria – mas é engano. Na massa, a sugestão produz uma convicção de que se é autônomo enquanto se sofre a influência psíquica do outro.[153]

Porém, nem todos que estão naquela massa se encontram em contágio psíquico. Alguém pode permanecer fora do contágio psíquico, podendo influenciar os outros e comandá-los como quiser, conhecendo o que interessa a eles.[154] De acordo com Stein, em alguns casos de grandes acontecimentos históricos, vive-se num nível psíquico coletivo. Do ponto de vista dos revolucionários, um estado vital de superexcitação domina os outros e os leva a realizar certas ações.

Assim, massa se distingue por ser formada por um vínculo da psique, por contágio psíquico e por falta de atividade espiritual que os regule.

III.8. Comunidade e sociedade

Examinemos a segunda possibilidade de agrupamento humano que não é comunidade: a *sociedade*. Trata-se de uma união de pessoas para uma finalidade racional. Nela cada um é considerado por aquilo que serve à sociedade num

---

[152] Ibid., p. 261.
[153] Cf. Ibid., p. 267ss
[154] Cf. Ibid., p. 269ss.

certo momento, ou seja, não como pessoa. Numa sociedade financeira, cada um coloca seu dinheiro e os outros o consideram tomando por base a proporção que aquela quantidade representa no conjunto. No caso da comunidade, sabemos que existe um vínculo pessoal, uma ligação moral – reciprocamente se estabelece uma relação, inclusive a relação de responsabilidade: nasce a importante atitude da solidariedade, que pode incluir aspectos políticos e econômicos, inclusive. Para que haja solidariedade não basta a sociedade (e muito menos a massa). Solidariedade se dá numa vida espiritual comunitária, que ocorre também nos casos de comunidade política.

Esse é um tema que Stein desenvolve em sua terceira obra, intitulada *Uma pesquisa sobre o Estado*[155], depois de *O problema da empatia*[156], e *Psicologia e ciências do espírito.*[157] O Estado funciona caso haja uma comunidade estatal. Deve existir uma comunidade de povo que queira o Estado (não bastaria a existência de uma comunidade de povos). Assim, Stein integra a comunidade e Estado.

Podemos notar que na cultura alemã, entre o século XIX e XX, pensadores e filósofos atêm-se simultaneamente aos temas da comunidade e do Direito. Mesmo anteriormente, Hegel[158] (★1770 – †1831) toma comunidade em seus vínculos de tipo espiritual: o espírito gera a comunidade, pois espírito seria uma entidade metafísica que domina a história; a atividade espiritual seria um reflexo de um espírito que está dentro da história e da realidade. Essa concepção não aparece nas obras

---

[155] STEIN, Edith. **Una ricerca sullo Stato...**, op. cit.
[156] STEIN, Edith. **Il problema dell'empatia...**, op. cit.
[157] STEIN, Edith. **Psicologia e scienze dello spirito...**, op. cit.
[158] Cf. HEGEL, Georg Wilhelm Friedrich. **Fenomenologia do espírito.** Tradução de Paulo Meneses. 4a. ed. Petrópolis, RJ: Vozes; Bragança Paulista, SP: Editora Universitária São Francisco, 2007.

de Stein. Trata-se de concepções diferentes, embora haja uma ligação entre esses autores quando falam das estruturas jurídicas na comunidade, por ser uma conquista do pensamento alemão: mantém raízes tradicionais da visão comunitária e, ao mesmo tempo, tomam a indicação do Direito latino. Eles conseguiram colocar os "dois lados da moeda", ainda que não abarcassem todos os aspectos da questão, naturalmente.

A posição de Stein é, porém, em relação à pessoa – muito mais forte do que aquela que Hegel defendia. Para Hegel, a pessoa está no interior de um processo metafísico do espírito: essa concepção não foi aceita por Stein.

Naturalmente, Stein considera também diversos tipos de comunidade, que requerem uma presença muito ativa de cada um dos membros.[159] Inclui também a possibilidade de alguém ser o ponto de referência ideal da comunidade. Na massa, o líder se utiliza dos indivíduos segundo suas finalidades e interesses; já o líder de uma comunidade faz parte daquele fluxo comunitário a ponto de promovê-lo.

III.9. Núcleo da comunidade e liberdade

"O 'núcleo' de uma comunidade, do qual emerge seu caráter e que garante sua duração no tempo, são os sustentadores da vida comunitária".[160] Assim, o núcleo representa aqueles que sustentam a comunidade (cada um com seu próprio núcleo pessoal). Quanto maior for o número de sustentadores de uma comunidade, quanto mais participantes se dedicarem a ela, tanto mais sólida será sua consistência e mais confiável será seu modo de se apresentar externamente. Por exemplo,

---

[159] Cf. STEIN, Edith. **Psicologia e scienze dello spirito**..., op. cit., particularmente na Parte II, cap. 2, item 2.4: A relação fundamental entre indivíduo e comunidade (pp. 256 - 309).

[160] STEIN, Edith. **Psicologia e scienze dello spirito**..., op. cit., p. 297.

quando os outros dizem que uma comunidade transmite confiança é porque há um número suficiente de sustentadores: são o núcleo da comunidade. Um único guia forte pode bastar para marcar uma comunidade com seus traços, mas, se a alma que dá consistência ao todo for apenas esse guia (e os outros forem passivos), a comunidade se fragmentará. O líder pode ser importante mas ele também deve fazer parte daquele fluxo de vivências comunitárias, e, assim, não pode sozinho personificar toda a comunidade. O núcleo da comunidade não é o chefe ou líder, mas os membros sustentadores da comunidade (eventualmente, inclusive o chefe ou líder).

Essa reflexão de Stein sobre a comunidade nos leva a compreender também a comunidade religiosa como fluxo comunitário compartilhado baseado na crença e na possibilidade de realização pessoal ali. Numa comunidade religiosa, há um guia humano, mas também um guia divino. Eis o tema da *liberdade*: o guia divino pode dar uma marca, um timbre forte ali, mas tem de haver sustentadores (que por sua vez podem ser sustentados pelo guia divino). Mais adiante em sua obra, Stein dirá que os sustentadores são ajudados também pelo elemento da graça, no caso de uma comunidade religiosa. Existe uma visão espiritual que dá uma consistência àquela comunidade, porém a resposta dada pelos membros individualmente é fundamental.[161]

III.10. Atos livres versus impulso: presença da alteridade pessoal e liberdade

Os resultados das análises sobre comunidade leva Stein a se perguntar sobre a diferença entre atos livres e impulso.[162]

---

[161] Cf., por exemplo, STEIN, Edith. **O mistério do natal**. Tradução de Hermano José Cürten. Bauru, SP: Edusc, 1999. Particularmente os itens 3.1 e 3.2: "Ser um com Deus" e "Ser um em Deus".

[162] STEIN, Edith. **Psicologia e scienze dello spirito...**, op. cit., particularmente "Observações conclusivas: a distinção válida em linha

Impulso e a tendência são "voltados a" mas não são atos livres, ajudam-nos a perceber justamente que os atos livres são aqueles em que existe o propósito e a decisão; e que a psique e o espírito são interligados apesar de serem distintos qualitativamente. E, assim, têm-se inter-relação e cooperação entre causalidade e motivação. Existe uma força vital sensível e uma força espiritual sensível, que podem ajudarem-se reciprocamente.[163]

Por que é importante a força vital sensível? Porque se vier a faltar, o espírito não poderá atuar. Por que existem doenças em que a atividade espiritual não pode se manifestar? A força espiritual pode, em alguns casos, suprir a força vital. Pode-se também trabalhar nessa direção, fazer de tal modo que a força espiritual ajude apesar da falta da força vital. O senso de dever pode ser um exemplo, porque a atividade espiritual não pode criar propriamente a força psíquica vital, mas pode supri-la. De fato, se a pessoa estiver muito cansada, ainda assim poderá fazer alguma coisa por ser necessário. E aqui entra a questão do sacrifício na vida da comunidade familiar, por exemplo, quando a pessoa pode atuar ainda que esteja cansada, ainda que haja possibilidade de não atuar e não se sacrificar. Eis a própria vida moral: apesar de não aparecer essa expressão no livro que ora examinamos. Essas são decisões que se referem à vida moral.

---

de princípio entre ser psíquico e espiritual e entre psicologia e ciências do espírito" (pp. 311 - 327).

[163] Sobre força vital sensível e força vital espiritual, Cf. STEIN, Edith. **Psicologia e scienze dello spirito**..., op. cit. p. 111ss (Parte I, cap. 5, item 3: "A cooperação de causalidade e motivação. A força vital sensível e a força vital espiritual").

CAPÍTULO IV
PSICOLOGIA: ENTRE CIÊNCIA DA NATUREZA E CIÊNCIA DO ESPÍRITO

IV.1. Da estrutura da pessoa à psicologia

Frequentemente a Psicologia tende a fazer uma análise da psique, mas pelo que foi visto até aqui fica claro que não basta. E são enormes as implicações para as teorias psicológicas ou para práxis psicoterapêuticas. E as implicações são também quanto ao modo de abordar todos os seres humanos, por exemplo, do ponto de vista educativo. Alguns problemas psicológicos se resolveriam pelo âmbito educativo: Stein insiste sobre isso em artigos que foram reunidos com o título *A mulher*.[164] Havendo boa educação, muitos distúrbios psíquicos e reações negativas seriam evitados, pois o equilíbrio da pessoa é ligado à formação.[165] Seu livro *A estrutura da pessoa humana*[166] é um tratado de antropologia filosófica concebido no diálogo com educadores, onde problematiza que para formar pessoas é preciso saber o que o ser humano

---

[164] STEIN, Edith. **A mulher**: sua missão segundo a natureza e graça. Tradução de A. J. Keller. Bauru, SP: Edusc, 1999.

[165] Cf. STEIN, Edith. Sull'idea di formazione. In STEIN, E. **La vita come totalità**: scritti sull'educazione religiosa. Tradução de T. Franzosi. 2a. ed. Roma: Città Nuova, 1999, pp. 21-36.

[166] STEIN, Edith. **La struttura della persona umana**. Tradução de Michelle D'Ambra. Roma: Città Nuova, 2000.

é e chegar a estabelecer um equilíbrio entre corporeidade, psique e espírito. Considerando que certos atos são essenciais na experiência humana, e que esses atos não são psíquicos mas espirituais, então não se pode voltar somente à psique para se formular a Psicologia como ciência e como prática profissional.

Dentro da psicologia é necessário considerar também a dimensão espiritual do ser humano. Por exemplo: mesmo dentro de relações fragmentadas a pessoa consegue tomar uma posição propriamente pessoal a partir do seu *núcleo*. Como a pessoa pode chegar à potência desse tipo? Vimos que Stein demonstra que as *forças* são a *vital sensível* e a *vital espiritual*[167]. O núcleo não tem força própria, dá a direção de modo que essas forças possam ser orientadas. A força vital sensível tem sempre uma *passividade* (no sentido de dinâmica não-volitiva), pois não podemos impedir que o nosso corpo fique doente, por exemplo; até lutamos para impedir que uma doença se manifeste, mas essa acontece. O mesmo tipo de passividade se dá na esfera psíquica: ali os estados nos acontecem. Não temos o que fazer quando a força vital sensível se enfraquece por causa de uma doença. Não há como fazer que força vital sensível emerja.

A *força vital espiritual*, tendo maior capacidade de autonomia, pode ser cultivada melhor do que a força vital sensível. Podemos fazer algo em relação à força vital sensível (por exemplo, cuidando bem do corpo a manteremos), porém, certamente, podemos ativar mais a força vital espiritual, seja singularmente, seja comunitariamente, de modo a fazer com

---

[167] Cf. Sobre força vital sensível e força vital espiritual, Cf. STEIN, Edith. **Psicologia e scienze dello spirito**:contibuti per una fondazione filosofica. Apresentação di A. Ales Bello, tradução de A. M. Pezzella. Roma: Città Nuova, 1999. Particularmente p. 111ss (Parte I, cap. 5, item 3: "A cooperação de causalidade e motivação. A força vital sensível e a força vital espiritual").

que exista equilíbrio entre as diversas esferas constitutivas da pessoa.

Cabe ao *núcleo* dar a direção pessoal, indicar o destino individual, num certo sentido. Eu, justamente, como identidade, o que devo fazer? Respeitar e buscar essa identidade. Como favorecê-lo? Em *A mulher*[168], Stein indica que na educação é preciso atuar considerando a pessoa individualmente e identificando quais são suas disposições. Ou seja, faz-se um trabalho que se refere justamente à singularidade. Por exemplo, se uma pessoa não tiver capacidade de aprender línguas, por que obrigá-la? É um exemplo banal para apontar a grande necessidade de respeitar as tendências da pessoa. Ao se respeitar a pessoa, o núcleo fica mais favorecido a dar as indicações à própria pessoa.

O núcleo não se desenvolve: é um elemento identitário. O desenvolvimento da psique e do espírito pode realizar o programa do núcleo. Qual a dificuldade, do ponto de vista educativo e também individual? Identificar as características do núcleo e encontrar aquilo que pode favorecê-lo.

A responsabilidade é pessoal e coletiva, pois a educação, de acordo com Stein, tem *duas fases*. Uma primeira abrange o período em que a criança é confiada aos outros, pois não pode realizar seu processo sozinha: trata-se de uma forte responsabilidade coletiva. As instituições – como a família, a escola pública, a Igreja, as comunidades religiosas – devem garantir o desenvolvimento individual. Depois, em certo ponto, esse desenvolvimento passa ser confiado à própria pessoa, quando existe a capacidade de controle individual. Contudo, isso não significa que deixamos de estar ligados a uma estrutura mais ampla; aliás, podemos querer que outros colaborem conosco. Trata-se de uma meta ideal,

---

[168] STEIN, Edith. **A mulher...**, op. cit.

necessária, para orientar os processos pessoais, que se realizam com grande fadiga. Stein sabe que, na prática, muitos casos não se desenvolvem assim, e podem se beneficiar com a meta clarificada.[169]

Neste sentido o livro *Psicologia e ciências do espírito* e os textos de *A mulher* poderiam se integrar. Estes últimos, ainda que sejam destinados à educação da mulher, referem-se à educação da pessoa[170], e ali todos esses aspectos abordados do ponto de vista da psique e do espírito não serão repetidos de maneira teórica porque originalmente eram conferências dirigidas a educadores e não a filósofos. Qualquer setor do conhecimento, de pesquisa ou de atuação com pessoas deveria ter uma clara ideia do que é a realidade humana e a realidade natural.

Inclusive as ciências da natureza e as ciências exatas deveriam ir ao encontro de alguns problemas filosóficos como: o que é a natureza? O que é o ser humano? O que faz a pesquisa sobre a natureza? Seria necessária, para todos, uma preparação filosófica de fundo. A pesquisa filosófica pode dar uma ajuda a outras áreas do conhecimento: é a concepção da escola fenomenológica, desde o início: dar uma ajuda teórica para as várias ciências.

Husserl, no livro *A crise das ciências europeias*,[171] fala dos cientistas e das ciências físicas a ele contemporâneas, como

---

[169] Sobre Antropologia filosófica de Stein, formação da pessoa e seus ramos científicos, Cf. também ALES BELLO, Angela, BASTI, G. & PEZZELLA, A. M. (Org.s). **L'avventura educativa**: antropologia, pedagogia, scienze. Città del Vaticano: Lateran University Press, 2013.

[170] Cf. "O significado do sujeito para a formação e para a ação formativa", capítulo II de STEIN, Edith. Problemas da ação feminina. In STEIN, Edith. **A mulher...**, op. cit., pp. 155 - 260.

[171] HUSSERL, Edmund. **A crise das ciências europeias e a fenomenologia transcendental**: uma introdução à filosofia fenomenológica. Tradução de Diogo Falcão Ferrer. Rio de Janeiro: Forense Universitária, 2012.

a dizer que atentassem ao modo como a natureza vem sendo tomada na interpretação científica, reduzida a medidas, baseada em modelos matemáticos, desconsiderando que a natureza seja formada por "elementos plenos", não redutíveis a termos matemáticos; existe uma realidade que não se deixa reduzir completamente aos pontos teóricos. Portanto, o físico tem de fazer o seu trabalho com a consciência de que está apenas tomando alguns aspectos da realidade: a natureza é realidade mais ampla do que aquilo que a ciência afirma. Assim, apontava a tendência do positivismo para efetivar essa redução tanto com a natureza como com o ser humano.

Daí a psicologia experimental e comportamental, por exemplo, se formar como uma psicologia sem alma, pois não leva em consideração sua existência. O grande modelo da época era a ciência física e a psicologia sem alma foi uma de suas derivações. Uma reação a essa perspectiva foi a proposta da fenomenologia. Tanto em Husserl como em Stein, temos essa discussão com a psicologia.[172]

---

[172] Cf. HUSSERL, Edmund. **A crise das ciências europeias...**, op. cit. Particularmente a Terceira Parte: "A clarificação do problema transcendental e a função correspondente da psicologia"; Texto complementar "Ciência da realidade e idealização. – Matematização da natureza".
HUSSERL, Edmund. **Fenomenologia e psicologia**. Tradução e editoração de Anna Donise. Napoli (Itália): Filema, 2003.
HUSSERL, Edmund. **Investigações lógicas**. Primeiro volume: Prolegómenos à lógica pura. Tradução de Diogo Ferrer. Lisboa: Centro de Filosofia da Universidade de Lisboa, 2005. (Phainomenon: Clássicos de fenomenologia). Particularmente o Terceiro Capítulo: "O psicologismo, os seus argumentos e a sua posição em relação aos contra-argumentos usuais"; o Quarto Capítulo: "Consequências empiristas do psicologismo"; Quinto Capítulo: "As interpretações psicológicas dos princípios lógicos"; Sexto Capítulo: "O esclarecimento psicologístico da silogística. Fórmulas de raciocínio e fórmulas químicas"; Sétimo Capítulo: "O psicologismo como relativismo céptico"; Oitavo Capítulo: "Os preconceitos psicologistas"

IV.2. Ciência da natureza e ciência do espírito

Enfrentemos, agora, uma questão epistemológica: qual seria a área de conhecimento própria da psicologia?

Comecemos pela etimologia da palavra "epistemologia": *-logia*, do grego, é estudo; *episteme*, também do grego, significa conhecimento. A palavra "ciência" é de origem latina e significa saber: conhecimento como ciência é um conhecimento que tem um valor teórico. Lembrando também que a palavra "teoria" do grego e significa "ver com a mente", "ver com os olhos da inteligência". Epistemologia, então, significa o estudo do conhecimento como ciência; trata-se, então, de um duplo conhecimento: perguntamo-nos como acontece um certo conhecimento, como ocorre uma certa ciência. A psicologia, por exemplo: qual é o seu estatuto epistemológico? Ou seja, quais são as estruturas fundamentais da psicologia?

Aristóteles considerava a *episteme* como filosofia, que à época significava conhecimento.[173] De fato, no início da

---

HUSSERL, Edmund. **Investigações lógicas.** Segundo volume, parte I: Investigações para a fenomenologia e a teoria do conhecimento. Tradução de Pedro M. S. Alves e Carlos Aurélio Morujão. Lisboa: Centro de Filosofia da Universidade de Lisboa, 2007. (Phainomenon: Clássicos de fenomenologia). Particularmente o segundo capítulo "Hipostasiar psicológico universal"; §9 da parte V: "O significado da delimitação brentaniana dos 'fenômenos psíquicos'".

HUSSERL, Edmund. **Investigações lógicas.** Segundo volume, parte II: Investigações para a fenomenologia e a teoria do conhecimento. Tradução de Carlos Aurélio Morujão. Lisboa: Centro de Filosofia da Universidade de Lisboa, 2007. (Phainomenon: Clássicos de fenomenologia). Particularmente §56 "Prosseguimento. O laço psíquico dos actos ligados e a unidade categorial dos objectos correspondentes" e o Apêndice "Percepção interna e externa. Fenômenos físicos e psíquicos".

STEIN, Edith. **Psicologia e scienze dello spirito...**, op. cit.

[173] ARISTÓTELES. **Ética a Nicômaco.** Tradução de Edson Bini. 3a. ed. Bauru, SP: Edipro, 2013.

Metafísica fala-se de um conhecimento epistêmico como válido.[174] Posteriormente, na cultura ocidental foram delineadas as diversas ciências e agora o termo "ciência" possui um conteúdo de conhecimento, significa *episteme*.

Qual o conteúdo de conhecimento da ciência? Ciência significa tanto as ciências da natureza (física e química, por exemplo) quanto as outras ciências como a sociologia e a psicologia. Onde a psicologia se coloca? Dentro ou fora das ciências da natureza? A sociologia, a psicologia, a pedagogia são denominadas *ciências humanas*. (O termo *ciências humanas* vem do uso inglês de *human science*, enquanto os alemães designavam *ciências do espírito* (terno não mais utilizado desde o início do século XX).

O problema analisado por Stein em *Psicologia e ciências do espírito* é: a psicologia é uma ciência do espírito? Ou se liga a fisiologia? É uma ciência da natureza? Se a vincularmos à corporeidade, teremos a Psicologia em contato com a ciência da natureza; se a ligarmos ao espírito, temos a Psicologia junto das ciências do espírito.

IV.3. Psicologia entre ciência da natureza e ciência do espírito

Mas, segundo Husserl e Stein, existe uma diferença importante entre psicologia e ciências da natureza e também entre psicologia e ciências do espírito. A psicologia é uma ciência específica. Como se chega a essa diferença?

Aprofundar, em perspectivas diversas, a essência da realidade psíquica e do espírito, e então encontrar o fundamento

---

[174] ARISTÓTELES. **Metafísica**. Introdução de Giovanni Reale, tradução de Marcelo Perine. 3a. ed. São Paulo: Loyola, 2011.

para delimitar adequadamente a psicologia e as ciências do espírito como disciplinas.[175]

Já aqui temos a chave da argumentação: se a realidade psíquica é diferente do espírito, então a psicologia é diferente das ciências do espírito. É preciso demonstrar.

Se nos limitarmos à questão da vontade e intelecto relativo aos atos, então, espírito (*Geist*) significará atividade voluntária e intelectual do ser humano. Os atos que realizamos ativamente – também encontrados na esfera psíquica – produzem os estados da alma e os sentimentos, mas, produzem-nos inclusive passivamente, numa forma de atração e repulsão, e não de tomada de posição ativa. Portanto, o termo espírito se refere a um território muito amplo.

Quando falamos dessa atividade do espírito podemos também dar a ela uma função humana, considerar que essa função deriva de uma estrutura substancial humana. Eis o tema da *substância da alma*. Houve um período em que essa dupla questão estava sendo estudada profundamente e a ideia da alma como elemento substancial era eliminada. Ocorreu muitas vezes na história da filosofia, e decisivamente no positivismo – ponto de referência para toda essa análise. Assim, a ciência contemporânea utiliza a expressão "espírito" não significando uma atividade substancial da alma, uma vez – segundo a mentalidade positivista, busca examinar sem se ocupar de esclarecer de quê se trata. Refere-se, no entanto, a forte atividade espiritual que poderia ser compreendida no sentido substancial. Tanto é, que Stein, depois, pôde fazer essa passagem em suas análises partindo da psicologia sem alma.

O termo *espírito* sofria críticas naquela época, tanto que Auguste Comte (★1798 – †1857), fundador do positivismo,

---

[175] STEIN, Edith. **Psicologia e scienze dello spirito...**, op. cit., p. 35.

se refere a três estádios pelos quais a humanidade culturalmente passa: no primeiro estádio – teológico –, os seres humanos têm uma abertura religiosa e justificam tudo por ela; no segundo – filosófico –, com a razão procura-se compreender tudo; no terceiro – positivo –, a compreensão e explicação se dariam pela ciência: a física, a economia e a ciências humanas, chamando-as de *atividades do espírito humano*.[176] A palavra "espírito" não é eliminada, mas não tem a ela conotação metafísica como em Hegel, segundo o indicado anteriormente.

Com Comte e seu *Curso de Filosofia Positiva* original de 1830, o positivismo se torna mentalidade dominante dentro e fora da Europa, e com muita força no Brasil, influencia muito também o mundo inglês, onde o termo "espírito" já não agradava.

Entre os ingleses surge um problema linguístico devido a uma questão de mentalidade: no sentido religioso usa-se *Hole Spirit* (Espírito Santo), mas s*pirit* (espírito) para eles significa fantasmas. *Soul* (alma) pode ter também um significado de espírito. Os ingleses passam, então, a usar *human* (humano). Surge também expressão "filosofia da mente" ao traduzirem o termo alemão *Geist* (espírito) por *mind* (mente), de qualquer modo se referindo a atividade voluntária e intelectiva. E atualmente os próprios alemães falam em filosofia da mente, por terem traduzido do inglês.

Geist se refere a atividade. Stein, na "Premissa" de *Psicologia e ciências do Espírito*, quer estabelece a relação entre realidade psíquica e espírito:

---

[176] COMTE, Auguste. **Curso de filosofia positiva**. Discurso preliminar sobre o conjunto do positivismo; Catecismo positivista. Tradução de José Arthur Giannotti e Miguel Lemos. São Paulo: Nova Cultura, 1988. (Os pensadores).

aprofundar, em diversas perspectivas, a essência da realidade psíquica e do espírito, e então encontrar o fundamento para delimitar adequadamente a Psicologia e a Ciências do Espírito enquanto disciplinas.[177]

Qual a lei da psique? A causalidade. Qual é a lei do espírito? Motivação.

> A primeira das pesquisas que seguem pretende clarear duas leis fundamentais: a causalidade e a motivação, que cooperam em um sujeito psíquico dotado de uma essência sensível-espiritual. A segunda pesquisa estende o campo de observação desde o indivíduo psíquico isolado até a realidade supra-individual e busca, deste modo, obter uma visão mais ampla da estrutura do cosmos espiritual.[178]

E acrescenta uma coisa interessante para nós: ela não conseguia distinguir, com nitidez, entre aquelas pesquisas e o trabalho filosófico de Husserl:

> Por quase dois anos eu, ajudei o professor Husserl no árduo trabalho de preparar publicações e durante esse período ficaram a minha disposição todos os manuscritos dele dos últimos dez anos, entre os quais os que tratam do tema da psicologia e das ciências do espírito. É natural que eu tenha sido fortemente influenciada, no meu trabalho, pelos estímulos recebidos, desse modo, e pelos muitos colóquios que tive com ele. Em que medida isso aconteceu, hoje eu mesma não tenho condições de estabelecer.[179]

Comparando este livro com o segundo volume de *Ideias*[180] de Husserl, poderemos identificar a diferença entre

---

[177] Ibid., p. 35.

[178] Ibid..

[179] Ibid., p. 35-36.

[180] HUSSERL, Edmund. **Idee per una fenomenologia pura e una filosofia fenomenologica**. Vol. II, Livro II e III. Editoração de V. Costa, tradução de E. Filippini. Torino: Einaudi, 2002.

eles. Husserl oferece as linhas de fundo e Stein apresenta uma contribuição original, por exemplo, sobre a causalidade relativa à força vital (que em Husserl não existe), assim como a força vital espiritual. Essa é a contribuição propriamente de Stein, que aos trinta anos estava escrevendo um livro extraordinário.

Quando Husserl trata do sujeito humano como mônada,[181] chega ao problema da alma e de sua imortalidade, e oferece todo um desenvolvimento nessa direção. E o fato de que o sujeito seja identitário é seguro em Husserl. Ele em algum momento disse algo sobre o núcleo, porém, mantendo a atenção no eu como centro de função, e não aparece como tema desenvolvido como nas obras de Stein. O desenvolvimento do tema núcleo é objetivamente dela.

Tendo realizado esse projeto de pesquisa, ao final do livro *Psicologia e ciências do espírito* apresenta a conclusão de toda a análise que no presente volume examinamos:

> Nossa análise sobre comunidade nos permite chegar a novos esclarecimentos quanto à estrutura da realidade psíquica e quanto ao mundo espiritual. Para nós a "psique" é uma entidade em si bem delimitada, formada por um fluxo de acontecimentos que pode eventualmente ser determinado por algo de gênero diverso do dela, que existe e que acontece – isto é, a natureza física – e se fundamenta sobre esta última somente no sentido de basear-se na conexão própria da natureza sem, porém, estar incluída nela.[182]

---

[181] Para concepção husserliana de mônada aberta, cf. por exemplo, HUSSERL, Edmund. **Meditações cartesianas**: introdução à fenomenologia. Prefácio de Márcio Pugliesi; tradução de Frank de Oliveira. São Paulo: Madras, 2012. Particularmente §33 "A plenitude completa do eu como mônada e o problema de sua autoconstituição" e §55 "A comunidade das mônadas e a primeira forma da objetividade: a natureza intersubjetiva".

[182] STEIN, Edith. **Psicologia e scienze dello spirito...**, op. cit., p. 311.

Pensando no bem-estar físico como é importante para o bem estar psíquico, e que nem sempre este está ligado àquele, compreendemos a afirmação de Stein acima. Ela conclui que a psique não é inclusa no corpo. De fato, existem condições que perturbam a psique, contudo, a psique não é corpo, mas algo diverso. A relação entre esses dois âmbitos (psique e corporeidade) apresenta uma conexão nova: a psique é distinta do que é físico, mesmo tendo uma ligação com a dimensão física. Além disso, a psique é limitada ao indivíduo, é um fato realmente individual, não podendo se falar em psique da comunidade.

IV.4. Cultura e História: ciências do espírito

O espírito ultrapassa o mundo objetivo e indivíduo humano.

> O *espírito* é um emergir [no sentido de ir além] por si mesmo, uma abertura em uma dúplice direção: ao mundo objetivo que vem a ser experienciado, e à subjetividade de outrem, ao espírito alheio, *junto* de quem se experiencia e se vive.[183]

A vida espiritual é alimentada por uma fonte psíquica, mas a supera. Portanto, quando nos colocamos em relação com os outros, a relação acontece sob a base espiritual. No contágio psíquico, como vimos, podemos nos deixar influenciar psiquicamente não atuando o espírito (que, de qualquer modo, faz parte da pessoa).. Então,

> A separação entre psique e espírito é de grande importância de um ponto de vista teórico-científico [epistemológico], pois daqui – e somente daqui – é possível a delimitação,

---

[183] Ibid..

em linha de princípio, da *psicologia* e das *ciências do espírito* e uma compreensão da relação recíproca entre elas.[184]

Por que Stein diz isso? Não podemos, nesta ocasião, entrar na questão característica da cultura alemã da época, da superação do positivismo, porém, façamos um exemplo que nos permite compreendê-la.

Dilthey (★1833 – †1911) – citado por Stein[185] –era filósofo e também historiador. Afirmava que para escrever uma biografia procurava procurava documentos referentes à pessoa em questão; no entanto, alguém de mentalidade positivista procuraria ler todos os documentos. O valor nesse procedimento é não afirmar algo sem documentação que fundamente, documentação bem examinada e conhecida, recusando-se a colocar algo por algum gosto pessoal. Sendo filósofo, Dilthey se perguntava como fazer, além da leitura dos documentos, para reconstruir a personalidade de quem está pesquisando, pois é preciso instrumentos para compreender como aquela personagem viveu: Como reconstruir, sobre a base desses documentos, a vida de uma pessoa? Dilthey busca reviver certa ação vivenciada pelo pesquisado. Não se trata de empatia: ele confia na possibilidade dessa identificação.

Husserl e Stein discordam dele, pois dizem que não podemos reviver completamente a ação: essa identificação seria impossível. Porém, para fazer isso ele disse que seria preciso uma nova psicologia fosse como a experimental e psicofísica, tão difundida; uma psicologia que entrasse na pessoa, que fosse não só descritiva mas também compreensiva.

---

[184] Ibid., p. 312.
[185] Cf. STEIN, Edith. **Psicologia e scienze dello spirito...**, op. cit., p. 313, nota 2.

Ele reivindica, assim, uma psicologia que entrasse na ciência do espírito (como a história).

Stein questiona: psicologia como ciência do espírito? E responde: Não[186] – dialetizando com os seguidores de Dilthey. O problema enfrentado é a elação entre as disciplinas e o lugar da psicologia. Não se poderia decidir sobre essa questão confrontando simplesmente psicologia e história ou buscando uma nova psicologia, mas a partir de um aprofundamento sobre o que é psique e espírito. Para tanto, a análise filosófico-fenomenológica permite descrever todo o ser humano chegando a uma antropologia filosófica – eis o ponto – oferecida ao psicólogo e ao historiador. Para reconstruir o caminho histórico é preciso saber qual é a incidência, em termos contemporâneos, tanto do corpo, das condições físicas, da psique quanto do espírito. Mas, temos que saber o que são: esse é o ponto fundamental. O mesmo se dá para a psicologia.

Nas ciências do espírito, podemos distinguir ciências da cultura e história.[187] A História para Stein é uma disciplina muito importante e pela qual sempre teve um grande interesse (no início de sua vida universitária estudara justamente história e literatura). Ela distingue "ciência da cultura" (expressão de Heinrich Rickert [*1863 – †1936], discípulo de Dilthey) – e História. As ciências da cultura se interessam pelas relações jurídicas, econômicas, criações artísticas, linguagem etc. As ciências históricas possuem relação com a vida dos seres humanos. Stein faz uma síntese: enquanto a ciências da cultura contempla o direito, a economia e a arte; a História se interessa justamente pela vida dos seres

---

[186] Cf. Ibid., pp. 312 - 313.
[187] Cf. Ibid. p. 313ss

humanos concebendo-os como "indivíduos que têm corpo vivente e material, psique e espírito."[188]

"As formas culturais são formações espirituais objetivas que são elaboradas movendo-se a partir de algum material não espiritual."[189] Significa que as formas culturais são produzidas pelos seres humanos e permanecem como material para todos, por meio, por exemplo, de um livro. Temos a tradição oral, mas se quisermos estudar o direito e a economia, é necessário consultar os livros. Atualmente, também temos outros instrumentos para ter contato com os conteúdos, mas esse é o aspecto objetivo: o produto do ser humano se torna objetivo.

Se observarmos as ciências da cultura e nos interessarmos pelo objeto delas, nos importará particularmente os significados desses objetos. Por exemplo, quando lemos um poema, nos interessa o conteúdo e não os sinais escritos, o papel, a cor etc. Inclusive, em relação às formas de linguagem, não nos interessa o som da voz, mas o sentido do que se diz. Cada um de nós produz algo deixado como patrimônio externo, objetivo, e depois os outros podem ter acesso – esse é o tema da tradição. Aqui a Stein não menciona de que modo, mas sabemos que se dá o mesmo com a tradição oral: o que se apreende na memória se diz aos outros, que a aprendem. A forma objetiva do livro, ou das inscrições em pedras, ou até dos gravadores mostram uma maior objetividade, mas inclusive a tradição oral tem sua objetividade. Nesses casos, porém são necessárias as pessoas que narram. Os poemas da humanidade antiga como os poemas de Homero na cultura grega são exemplos. Homero não era uma pessoa só: certamente eram cantores que

---
[188] STEIN, Edith. **Psicologia e scienze dello spirito**..., op. cit., p. 314.
[189] Ibid.

também tocavam música e declamavam poemas. Passavam por todos os lugares, os outros aprendiam: configura-se uma transmissão dos conteúdos. Posteriormente, quando se inventou a escrita, registraram o que hoje podemos ler e reler. Trata-se de produções culturais objetivas que são frutos do espírito subjetivo, apoiadas em alguma materialidade.

IV.5. Ciências do espírito empíricas e apriorísticas

Ainda sobre as ciências do espírito, elas se dividem em empíricas e *a priori*: eis uma distinção importante.

> As ciências empíricas do espírito (...) têm a ver com formações espirituais *individuais* e com o curso único e factual da vida do espírito, com a língua grega, com o direito romano, com as poesias de Goethe, com a vida do povo alemão ou com uma personalidade individual.[190]

Há língua grega ou a latina. Porém, a ciência teórica que se refere a todas as diversas línguas é a ciência da linguagem. Já falamos do direito romano ou direito anglo-saxão: no entanto, como âmbito geral há o direito. As ciências empíricas dizem: esse é o direito romano, esse é o direito anglo-saxão, essa é a língua grega, essa é a língua latina, essa é a língua italiana etc.; porém, a ciência teórica, *a priori*, é o quê? É a língua. Quanto aos poemas de Goethe, Neruda, Camões ou Drummond, a ciência teórica, é a poesia ou, mais ainda, a literatura. Quando quero contar a história da vida do povo alemão, estou no campo empírico (meu interesse pelo povo alemão, ou poderia me interessar o povo inglês), porém, aqui o problema é como se conta a história da vida de um povo qualquer que seja ele.

---

[190] Ibid., p. 315 - 316.

Nesse sentido, existem estruturas que se chamam *ciências apriorísticas do espírito*. Isso é algo muito filosófico: o que é o direito? O que é a história? O historiador ou aquele que estuda o direito – uma forma do espírito –, segundo essa posição, deveria conhecer muitos aspectos: saber o que é o ser humano, o que é a atividade do espírito, qual forma de espírito é o direito. É preciso considerar esses aspectos para poder estudar o direito de modo específico. Portanto, esse é um grande convite: sempre buscar ir ao fundamento das coisas.

Aqui, estamos abordando as ciências do espírito, porém, podemos nos referir às ciências da natureza. O físico, que conteúdos deveria saber? Os físicos também formulam questões de fundamento (como Galileu e Einstein, por exemplo): o que é a natureza? Eles não se interessam apenas por algumas leis específicas. E Stein afirma que quem cultiva essas ciências, como o historiador, deve perguntar-se o que é a história? Qual a ciência *a priori* diz respeito à história?

IV.6. Psicologia: ciência apriorística e empírica qualitativa

E o que Stein diz sobre a psicologia? Bem como as ciências do espírito, a psicologia deveria ter a sua estrutura *a priori*.[191] Por exemplo, a psicologia que tem uma estrutura *a priori* se interessa – como fizemos nas nossas análises – pela causalidade psíquica. *Psicologia e ciências do espírito* é uma obra de psicologia *a priori*, não de Psicologia aplicada, assim como a segunda parte do livro é de ciência teórica do espírito. Há uma Antropologia de base que permite compreender a estrutura e as atividades do ser humano. Em relação a essa

---

[191] Cf. Ibid., p. 316ss.

estrutura e às atividades, como podemos estudar? O nível teórico máximo se refere ao sentido de *a priori* (como dizer o que é o direito, por exemplo). *A priori* quer dizer que não me interessa o direito especificamente romano, o direito empírico, e sim o aspecto teórico, mais amplo, mais alto: *a priori* em relação àquilo que é empírico. (Não é no sentido de que já temos uma ideia *a priori*). Também em relação à psicologia, o que essa faz? Toma-se um aspecto de antropologia filosófica: a psique e esta é estudada fenomenologicamente enfatizando que existe força vital, causalidade psíquica etc.: esse é o aspecto *a priori*, não empírico. De fato, ela diz que as leis apriórico-psicológicas são, por exemplo,

> as que sustentam que o processo psíquico seja transformação da força vital em vida atual; que cada estado psíquico seja determinado causalmente; que a formação acrescida de uma capacidade psíquica acontece à custa de uma outra e assim por diante.[192]

Quais são as leis apriorísticas? Existe uma força vital na vida atual; cada estado psíquico é determinado por uma causa – não um motivo –; e as formações de uma capacidade psíquica acontecem contra uma outra capacidade. (Como anteriormente comentamos o exemplo de estudar muito intensamente uma língua e então não ter condições de fazer alguma outra atividade que exija muito empenho).[193] A quantidade de força vital é limitada e, portanto, temos de utilizá-la em um número limitado de ações: eis uma lei geral. E as leis apriórico-psicológicas deixam aberta a possibilidade de passar para o plano da experiência, observando

---

[192] Ibid., p. 318-319.

[193] Cf. Capítulo I do presente volume: I.3. Causalidade psíquica e força vital.

a regularidade empírica: eis a própria psicologia aplicada. "Então pode-se verificar – mediante observação, experimento e estatística – quais empenhos psíquicos requerem maior ou menor força vital."[194] Encontrando uma pessoa, posso verificar, mediante observações, "quais empenhos psíquicos requerem maior ou menor força vital"[195]. E ainda, posso verificar "quais atividades psíquicas conduzem mais rapidamente ou mais lentamente à fadiga."[196] Isso podemos averiguar a partir do ponto de vista empírico. (Esses aspectos não se referem à patologia, mas à personalidade). Sabendo que, em geral, a fadiga está ligada à força vital, posso me interrogar: "nesse caso, quando é que se afadiga verdadeiramente? Por quê? Quais são as condições individuais para tanto?". "Tais regras empíricas nunca podem ter o caráter das leis exatas natureza"[197]; não podem ser reduzidas a fórmulas matemáticas. Podemos fazer mensurações, mas isso não justifica o andamento da vida psíquica.

Então, podemos conceber

> que a psicologia busca leis gerais a partir das quais esclarecer – a cada caso – o acontecimento psíquico e que ela não deve se interessar pela individualidade dos seus objetos, como vimos se dar nas ciências do espírito.(...) Todavia, essa diversidade de atitude de pesquisa merece uma atenção específica. A atitude de pesquisa não é fundamentada no arbítrio do pesquisador (...) mas na natureza das coisas. De um exame mais atento emerge que não há no âmbito do psíquico – nem no âmbito da natureza material – uma individualidade semelhante àquela que atrai sobre si o

---

[194] STEIN, Edith. **Psicologia e scienze dello spirito**..., op. cit., p. 319.
[195] Ibid.
[196] Ibid.
[197] Ibid.

olhar no mundo espiritual. A individualidade ali (...) tem um significado completamente diverso.[198]

Notemos que isso é muito revolucionário em relação àquilo que se pensa. Segundo Stein, a verdadeira individualidade é a do espírito, vem da vida espiritual, não da vida psíquica. O psicólogo deve levá-lo em consideração. Na vida psíquica também podem ser encontradas características individuais, porém o humano acontece no momento da atividade espiritual. Podemos vislumbrar consequências no plano empírico.

Na mentalidade positivista a psicologia não considera a autonomia do espírito em relação à psique. No entanto, as análises de Stein apontam que é preciso considerar tantos as leis gerais (leis *a priori*) da psique como suas leis empíricas, considerando também que a psique é apenas um aspecto do ser humano. (Até aqui nada de fundamento da patologia, mas fundamento da psicologia geral).

> Quando chamamos algo de indivíduo, essa individualidade é identidade; em outros termos, é ela mesma e se distingue de tudo o que não tenha a ver com seu estado qualitativo, de modo a poder constituir um patrimônio de significado e certa continuidade na sua mudança.[199]

Tal definição vale também para os objetos de natureza material. No que se refere à pessoa, havendo necessidade de examiná-la numa visão global, a definição de identidade não poderia abarcar somente o aspecto psíquico, porque sua estratificação própria se refere à vida da psique e do espírito.

---

[198] Ibid.
[199] Ibid.

Tomando a estratificação da vida psíquica por si mesma, verificamos que a especificidade do objeto psique deve ser tomada em sentido geral, uma vez que o acontecer da psique se dá num fluxo constante e variável (a variação permanece). Então a definição em caráter geral impossibilitaria a delimitação de uma identidade psíquica de um indivíduo? Não: o estado global da psique é dado a cada vez e representa um estado singular qualitativo.[200]

Considerando essa especificidade do objeto, existe uma psicologia como ciência *teórica apriorística* (coloca em destaque as leis *a priori,* por exemplo, a causalidade, a força vital etc.) e existe também a psicologia como ciência *empírica qualitativa* (examina como a força vital reage, por exemplo). No entanto, essa análise ocorre em termos gerais, no sentido que cada vez que acontece uma coisa ocorre outra, ainda que não exista nesse âmbito uma causalidade, já que não posso prever em modo absoluto (não posso prever quão cansada estarei amanhã).

Pensemos num ser humano cansado: sabe-se que o cansaço é derivado da força vital empírica e que existem transformações da força vital, dadas certas condições, já que a força vital se liga a causalidades. Mas, diante de um certo indivíduo, precisamos chegar a identificar como ele, especificamente, se cansa. A ciência psicológica precisa também avaliar a psique da pessoa individualmente considerada. Com base na lei geral (como acontece o cansaço num indivíduo) podemos conhecer as leis teóricas *a priori*, as leis empíricas e depois examinar o singular.[201] A singularidade é importantíssima porque essas leis não valem no abstrato, mas na pessoa.

---

[200] Cf. Ibid., p. 320.
[201] Cf. Esquema 8.

Esquema 8

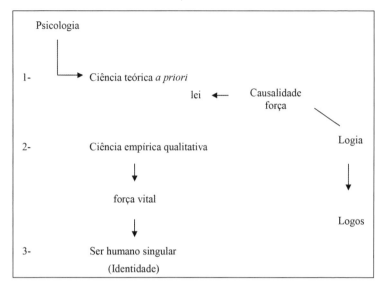

Essa identidade a que a psicologia se refere é complexa: até que ponto posso examinar somente a psique? Esse é um grande problema, e extremamente atual. Nos casos de patologia, a questão é muito mais grave se comparado com a descrição de como acontece o cansaço a que nos referimos. Então, quando existe a dificuldade patológica, a reflexão se torna muito mais urgente.

Na formação de psiquiatras e psicólogos, a tradição é de que existe somente a psique. A questão de fundo é de antropologia filosófica e não de psicologia ou psiquiatria. Existe uma forte tentativa de atribuir às ciências a necessidade de compreender os fundamentos. O fundamento das ciências humanas ou do espírito é certamente a antropologia filosófica. Mas a ligação da psicologia com a filosofia foi eliminada no positivismo, gerando um vazio como fenômeno cultural.

Se é necessária uma antropologia filosófica de base para todas as ciências é o primeiro problema. E em relação aos cientistas que trabalham com a natureza há dois problemas. O primeiro: o que é a natureza? O segundo: o que é o ser humano que estuda a natureza? Na psicologia (distinguindo psicologia e ciências humanas) sempre há uma antropologia filosófica implícita; como para o cientista da natureza, sempre existe uma ideia de natureza implícita.

Podemos considerar as consequências para a pesquisa em psicologia advindas da distinção entre psicologia *a priori*, psicologia empírica (da singularidade). Teríamos duas opções de como realizar a pesquisa. Primeira: abordar o indivíduo singular para produzir um conhecimento totalmente singular. Segunda: produzir um conhecimento generalizado, chegando às leis gerais (nível da estrutura). A distinção entre esses aspectos nos oferece clareza sobre o tipo de pesquisa em psicologia que constrói conhecimento com fundamento. Por exemplo, há pesquisas que generalizam o que é singular, sem tomar em consideração a estrutura geral, ficando, portanto, sem fundamento. Note a necessidade de passar pela estrutura apriorística, que não é empírica. Uma preparação teórica fundada sob antropologia filosófica permite o exercício maduro da pesquisa empírica.

Retomemos uma frase de Stein citada anteriormente:

> Pode-se verificar – mediante observação, experimento e estatística – quais empenhos psíquicos requerem maior ou menor força vital, quais levam mais rapidamente ou mais lentamente à fadiga.[202]

Com observação, experimentos e estatística, podemos dizer quantos indivíduos se cansam em dada situação. Mas, sabemos que a fadiga é derivada da força vital psíquica, que

---

[202] STEIN, Edith. **Psicologia e scienze dello spirito**..., op. cit., p. 319

é submetida à lei de causalidade, e isso não preciso ser reexaminado a cada vez.

"As leis apriórico-psicológicas (...) deixam uma fresta aberta pela qual a experiência e a indução podem evidenciar uma regularidade empírica".[203] Temos leis gerais e depois passamos para a indução no caso particular. Esse é um discurso filosófico de fundo que distingue a fenomenologia do empirismo: as leis empíricas se referem à aplicação das formas teóricas. A questão entre fenomenologia e empirismo pode ser simplificada assim: dessa experiência devo induzir a lei ou de uma lei geral algumas informações são induzidas?

Por exemplo, tenho um dado estatístico dizendo que todas as pessoas se cansam, pois examinei muitas e verifiquei que se cansam. Mas sei o que é o cansaço? Esse é o ponto. Nesse sentido, vou do particular ao universal e do universal ao particular: é a preocupação teórica. Não me baseio apenas na indução – que é generalização – mas antes disso faço um trabalho teórico *a priori*, no sentido de examinar toda a vida da estrutura psíquica.

Essa questão está na gênese da fenomenologia, Husserl afirma que fazendo uma análise sobre si mesmo (ele começa dele mesmo), chegando à esfera das vivências e à relação entre as vivências e a psique, fala de si mesmo e de uma estrutura.[204] A questão do solipcismo é contínua em Husserl: quando afirmo isso, eu me fecho em mim mesmo?

---

[203] Ibid., pp. 318 - 319.

[204] Cf a esse respeito, por exemplo,
HUSSERL, Edmund. **Fenomenologia e teoria della conoscenza**. Introdução, tradução e notas de P. Volonté. Milano: Bompiani, 2000.
ALES BELLO, Angela. **Fenomenologia e ciências humanas**: psicologia, história e religião. Tradução e editoração de Miguel Mahfoud e Marina Massimi. Bauru, SP: Edusc, 2004.

Sou eu só? Ou eu identifiquei uma estrutura que se refere a todos? Para ter segurança quanto ao resultado de suas investigações, inclusive sai de si e se volta aos outros. Essa é a estrutura das *Meditações cartesianas*[205]; tantos outros pontos nas *Ideias para uma Fenomenologia Pura*[206]. Husserl, fenomenologicamente, descobre no caso empírico uma estrutura e em seguida, o valida; vai da singularidade para a ciência teórica *a priori*, porém, não no sentido indutivo de generalizar, mas se pergunta sobre a essência. É um ponto sutil e de difícil compreensão pois a indução se baseia na generalização de casos particulares, e não na evidenciação da essência. E Husserl afirma poder falar da evidenciação da essência também em relação a si mesmo: trata-se da descoberta de uma estrutura essencial (operação diferente da indução).

---

[205] HUSSERL, Edmund. Meditações cartesianas... op. cit
[206] HUSSERL, Edmund. Idee per una fenomenologia pura... vol. II, op. cit.
HUSSERL, Edmund. Idéias para uma fenomenologia pura..., op. cit.

CAPÍTULO V
PROBLEMAS CONTEMPORÂNEOS: CONTRIBUIÇÕES DE EDITH STEIN

V.1. Pessoa, moralidade e política

Vimos a importância dos membros da comunidade e a responsabilidade pessoal de cada um deles para a constituição e funcionamento daquele forma de agrupamento humano. Em se tratando de criança, o adulto tem uma responsabilidade em relação a ela, que paulatinamente também vai se tornando responsável. Então, no exemplo da família em que há adultos e crianças, os que sustentam esta comunidade-família serão os adultos – os pais ou outros membros. Os sustentadores são o núcleo da comunidade e a função deles consiste numa tarefa fundamentalmente moral. Como isso não significa que sentimento não seja fundamental, examinemos a relação entre sentimento e a vida moral.

Vimos que há sentimentos psíquicos, sentimentos vitais. Há também sentimentos espirituais, dentre os quais os fundamentais são o amor e o ódio.[207] Por que são espirituais? Por revelarem uma atividade do sujeito. Alegria é um sentimento vital, não indica uma atividade do eu. O que eu

---
[207] STEIN, Ed   Il problema dell'empatia. Introdução e notas de E.
    Costantini,   esentação de P. Valori, tradução de E. Costantini e E.
    S. Costantin   ₤oma: Studium, 1985.

quero quando eu amo alguém? Aqui não se trata somente de uma atração (elemento psíquico, vital) mas podemos falar também de amor no sentido espiritual: queremos o bem da pessoa e não o próprio bem: é a definição de amor de Stein.[208] E o ódio, ao invés, é eliminar o outro.

Numa comunidade há sentimento vital e sentimento espiritual. Quando prevalece o amor espiritual, a comunidade acontece. O ódio propicia a eliminação do outro, fragmentando a comunidade.

Portanto, para Stein o amor espiritual abre o caminho para uma postura moral. O que significa que há uma postura moral? Significa fazer ações que servem para melhorar o outro, tornar positivo o outro. No caso da moral, as ações são concretas. Lembrem-se que o mecanismo da moral[209] parte do propósito e toca a decisão, ou seja, envolve a decisão de fazer uma ação e efetivamente realizá-la. Quando isso acontece, temos uma estrutura de comunidade. Usamos o exemplo da família, que é o mais simples, embora seja um caso importante, pois quem sustenta a família precisa ter esta postura para que haja comunidade.

Quem sustenta a comunidade é tema em todas as comunidades. É claro que quando se trata de comunidade de adultos todos precisam ser sustentadores. Porém, mesmo aí há graus distintos de responsabilidade. Uma comunidade de adultos não precisa ter um projeto de todos; pode ser de uma pessoa a que outros aderem, pelo qual se tornam responsáveis. No caso das comunidades religiosas, em geral, acontece assim: um fundador vive certo ideal e outros vão aderindo ao ideal, a partir do qual se constrói uma comunidade. Assim, os outros não são passivos; se assim fossem, a

---

[208] Cf. STEIN, Edith. **Psicologia e scienze dello spirito**..., p. 231ss
[209] Cf. Esquema 5 no Capítulo II da presente obra: II.7. Atos livres e impulsos

comunidade não existiria. Dessa forma, na comunidade de adultos alguns possuem uma função mais forte que outros, mas podemos falar também dos sustentadores.

Notamos esses elementos inclusive na comunidade Estado: o povo é uma comunidade que pode se organizar em diversas formas políticas. Pode haver um povo que tenha uma estrutura tribal, um tipo específico de organização (aliás, sabemos que todos os povos em sua história passaram por alguma forma comunitária tribal) e nesse caso existe uma estrutura com os chefes e o lugar de destaque dado aos anciãos, o que não dispensa também outras formas de sustentadores da comunidade.

O Estado organizado, na visão ocidental, é uma formação da Idade Moderna e tem suas origens na Europa, mais particularmente na Grécia e em Roma. Lembrem-se do que foi analisado no presente volume sobre as leis que se referem a todos, e que não estão ligadas à amizade ou aos hábitos[210]: eis a estrutura do Estado. Existe atualmente uma tentativa de chegar a construir Estados no mundo inteiro. Quando desejamos algo mais democrático num certo lugar significa que estamos tentando construir uma forma de Estado. Nem todos os povos têm espontaneamente esse tipo de organização política. Os ocidentais, em geral, pensam que essa seja a melhor, justamente porque há esta impessoalidade da lei, uma forma de igualdade entre todos os cidadãos. Esse é um tema muito importante para os nossos dias. Stein não fala da relação entre os povos, porque não era um assunto da época, mas fala explicitamente dos Estados modernos enquanto Estados europeus. Então, um povo ou vários povos podem chegar a organizar um Estado como organização política.

---

[210] Cf. Capítulo III da presente obra: III.5. Pessoa e comunidade

Um exemplo de Estado na Europa formado pela reunião de vários povos é o Império Romano. Em 212 d. C. foi concedida cidadania a todos os que estavam no vasto Império Romano. Fato importantíssimo, pois em teoria todos passaram a gozar dos mesmos direitos. Lembre-se que Império Romano abarcava a África setentrional e o oriente e que Alexandre, o Grande tinha chegado até a Índia e ao Paquistão. Os gregos chegaram até a Índia do norte, onde os romanos não chegaram. Os últimos tinham um território muito amplo no oriente, como toda a Síria e Egito. Posteriormente, expandiram para península Ibérica, para o norte da França, uma parte da Inglaterra. Pensem o que significa também do ponto de vista étnico a diferença entre a Síria e Península Ibérica: é de uma amplitude extraordinária.

Desde o século XIX e XX, o império que possuía a maior composição de povos era o Império Austro-Húngaro que possuía Áustria, Hungria e as populações eslavas e, em certo período, também o norte da Itália.

Do ponto de vista cultural, em geral, notamos que quanto mais um povo é resultado de mistura de povos tanto mais ele é fecundo culturalmente. A Grécia não era um território unitário, mas uma mistura de povos. O Brasil é um exemplo de um povo formado pela mistura de tantos povos e raças.

Então, é possível um único Estado formado por vários povos que se misturam ou, então, um Estado formado de diversos Estados. Pode-se dizer que Brasil e Estados Unidos são formados de diversos Estados. Porém, quando no Império Austro-Húngaro haviam núcleos etnicamente diversos. Stein diz que um Estado pode ter dentro de si muitos povos, não só como mistura, mas mesmo como união de povos distintos.[211] Contudo, – eis o ponto fundamental – é preciso que haja uma *comunidade estatal*.

O que significa comunidade estatal? Significa que estes povos diversos querem se unir num Estado. Ela tinha diante dos olhos justamente o exemplo da Áustria e da Hungria, porque a Áustria num certo momento tinha conquistado a Hungria. Mas, posteriormente, os húngaros não se submeteram, conseguiram ter uma situação paritária com os austríacos no parlamento. Então, os austríacos e os húngaros queriam uma comunidade estatal e de fato, formaram o Império Austro-Húngaro. E quem eram os sustentadores? Todos os funcionários estatais. Esse é um exemplo histórico: estrutura burocrática do Império Austro-Húngaro era de uma eficiência extraordinária; mas não basta a eficiência da burocracia: afinal, o Império Austro-Húngaro acabou por não haver mais o sustento da comunidade. A comunidade que criava e sustentava o Estado, que dizia "nós queremos estar juntos neste Estado", não mais o apoiou, resultando na fragmentação do Estado.

Logo, não basta um povo: é preciso que haja uma comunidade que aceite o Estado, uma comunidade política. O povo deve querer um Estado ou o Estado acaba, como Stein demonstra.

Então, os sustentadores do Estado têm uma função, sobretudo, moral. Nenhuma comunidade pode descartar a moralidade. Em que sentido é moral? No sentido de que devem trabalhar para o bem do Estado. Se eles não o fizerem, o Estado falirá. Não se trata de moralidade do Estado, pois o Estado não é uma pessoa mas um ente jurídico; se trata

---

[211] STEIN, Edith. **Uma ricerca sullo Stato**. Tradução de A. Ales Bello. Roma: Città Nuova, 1999.

sim de moralidade dos cidadãos que sustentam o Estado. O problema da corrupção é um exemplo disso.

Stein é contra a ideia (viva no Renascimento italiano e, em parte, na posição de Maquiavel) de que a política prescinde da moral. A política não pode prescindir da moral porque são seres humanos que fazem política e são sempre chamados a uma escolha quanto a seu comportamento.

Note quantos níveis este único tema possui. Para complementar, aponto que Stein[212] afirma ser a democracia a melhor forma de governo embora seja também a mais difícil por implicar envolvimento de todos. O período da Revolução Francesa é o momento em que se configurou uma posição democrática, mas precisou de uma história longa para chegar se realizar no século XX. Cada Estado chegou a essa posição de uma maneira diferente e interessante.

Na democracia moderna surge esta responsabilidade de formar sustentadores. Na França, há a experiência de formar famílias e há escolas de formação para quem quer assumir uma responsabilidade no âmbito de administradores do Estado. É muito importante chegar a ter conhecimento da organização do Estado, porém, isto não significa moral; moral significa fazer bem aquilo que se deve fazer. Então, trata-se de dois aspectos que deveriam acontecer juntamente: a preparação técnica não garante uma preparação moral, apesar de ser importante.

As questões filosóficas não serão abstratas se chegarem a uma análise que respeite a realidade e, ao mesmo tempo, e sobretudo, pela questão moral, indique inclusive o que seria melhor para o ser humano.

---

[212] Ibid.

V.2 Psicologia, Psicopatologia, Fenomenologia

Husserl reconhecia que a atitude de "ir em direção a" era já da filosofia grega, embora não tenha mantido esta posição de sua origem. Relações podem ser identificadas também no pensamento medieval e moderno, incluindo o perídodo do pensamento romântico.

Dentre os contemporâneos, Husserl está em companhia de Edith Stein, Max Scheler (★1874 – †1928 e Alexander Pfänder (★1870 – †1941), esse um filósofo que se dedicou sobretudo ao tema da psicologia, considerado por Stein como muito importante.[213] As fontes de inspiração de Stein são Husserl, mas também Pfänder e em alguns aspectos Max Scheler.

Posteriores a estes, fundamentais para a Fenomenologia, são Maurice Merleau-Ponty (★1908 – †1961), Martin Heidegger (★1889 – †1976), Paul Ricoeur (★1913 – †2005) e, mais tarde, do desenvolvimento da Fenomenologia quanto à Psicologia nos Países Baixos[214]. A tentativa de fundamentar a psicologia com as bases fenomenológicas foi primeiramente realizada nos Países Baixos e, em seguida, no âmbito anglo-americano, particularmente na Universidade de Pittsburg.[215]

---

[213] Cf. ALES BELLO, Angela. & DE LUCA, Antonio. (Org.s). **Le fonti fenomenologiche della psicologia**. Pisa (Itália): Edizioni ETS, 2005.

[214] Cf. MANGANARO, Patrizia. Desenvolvimentos da fenomenologia nos Países Baixos. **Memorandum**, Belo Horizonte, n. 7, pp. 8-17, 2005. Disponível em www.fafich.ufmg.br/~memorandum/artigos07/manganaro02.htm. Acesso em: 01 de agosto 2014.

[215] Cf. MANGANARO, Patrizia. Desenvolvimentos da fenomenologia nos Estados Unidos da América e na Grã-Bretanha. **Memorandum**, Belo Horizonte, n. 8, pp. 72-78, 2005. Disponível em: www.fafich.ufmg.br/~memorandum/artigos08/manganaro03.htm.

Na psiquiatria são significativas as contribuições vindas da França e Itália.[216]

Stein e Husserl sempre falaram de forma simples da psicologia, do que acontece nos seres humanos normais. Depois, o que aconteceu? O limite entre normalidade e anormalidade é muito difícil de identificar. Muitas vezes aquilo que consideramos anormal se torna também um modo de compreender o normal. Fenomenologia foi estudada por alguns psiquiatras na área de língua alemã onde estavam Husserl, Freud, Brentano: ali surgiu Ludwig Binswanger (*1881 – †1966) e com ele uma aplicação da fenomenologia à psiquiatria, constituindo uma psicopatologia fenomenológica.

Temos, então, psicopatologia fenomenológica, psiquiatra, psicanálise e psicologia do profundo, conforme o esquema 9.

Esquema 9:

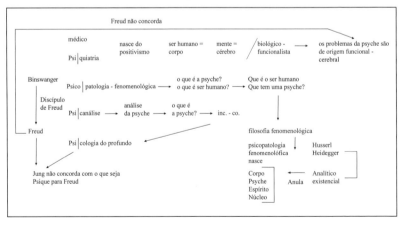

---

[216] Cf. MANGANARO, Patrizia. A psiquiatria fenomenológico-existencial na Itália. **Memorandum**, Belo Horizonte, n. 10, pp. 85-92, 2006. Disponível em www.fafich.ufmg.br/~memorandum/a10/manganaro05.htm. Acesso em: 01 agosto 2014.

A primeira parte dessas palavras é sempre "psi". Na psiquiatria tem também "-atria" (do grego *iatrós,* médicos): psiquiatria significa o cuidado médico da psique: uma ciência que nasce do positivismo. No positivismo, qual é a parte que mais interessa? O corpo. Mas, aqui nós estamos falando de doença mental. Onde está a mente? Na posição positivista, está no cérebro; logo, a doença mental é doença do cérebro, doença física. Essa é uma visão biológico-funcionalista presente na formação dos psiquiatras até a atualidade.

Ao invés, em Viena, um médico discorda: Sigmund Freud (★1856 – †1939) propõe a análise da psique, a psicanálise. Carl Jung (★1875 – †1961) é um de seus discípulos, que passa a conceber análise do profundo, por não concordar com a concepção de psique freudiana.

A psicopatologia fenomenológica tem Binswanger como um de seus fundadores.[217] Como discípulo de Freud, conhecia a psicanálise e não se afina à linha biológico-funcionalista. Mesmo sem conhecer a obra de Edith Stein, sua psicopatologia fenomenológica possui uma interpretação da psique como autônoma. Mas concebe que a parte propriamente humana é a psique. Assim, começam a serem evidenciadas as diferenças: psiquiatria, psicopatologia, psicanálise e psicologia do profundo examinam casos de patologia.

Também Karl Jaspers (★1883 – †1969) formula uma psicopatologia fenomenológica tendo diante dos olhos a filosofia fenomenológica.[218]

Os médicos que estudam a fenomenologia passam a não querer fazer uma psiquiatria funcionalista ou psicanálise

---

[217] BINSWANGER, Ludwig. **Grundformen und Erkentnis dês menschilichen Daseins.** 5a. ed. München: Ernst Reinhart Verlag, 1973.

[218] JASPERS, Karl. **Psicopatologia geral.** Tradução de Samuel Penna Reis. São Paulo: Atheneu, sem data. 2v

ou psicologia do profundo, mas uma psicopatologia que se refira à doença da psique mantendo uma postura fenomenológica. A psicopatologia fenomenológica parte da filosofia de Husserl, que também já tinha seus discípulos como a Stein e Heidegger, este mais conhecido por assumir o lugar do mestre na Universidade de Friburgo. Então, a psicopatologia fenomenológica nasce baseada principalmente em Husserl e Heidegger.

V.3. Fenomenologia e psicopatologia

Com a clareza da insuficiência da posição biológico-funcionalista – questão relativa à psique, certamente originada da psicologia geral – surge, no âmbito médico, também o tema da doença da psique. Contudo, na psicopatologia fenomenológica, há uma postura diferente: pedindo ajuda à filosofia, fizeram análises sobre o que vem a ser a psique e se perguntavam: o que é o ser humano que tem uma psique? Podemos dizer o que é o ser humano permanecendo no âmbito puramente médico, terapêutico e de diagnóstico? Ou temos a necessidade de uma visão mais geral na qual possamos inserir também a questão da doença mental? Note se tratar de uma mudança de perspectiva, implicando o conhecimento da filosofia. Assim, nascem escolas de psicopatologia fenomenológica no território de língua alemã e, posteriormente, aparecem duas derivações importantes: na Itália e na França.

A psicopatologia fenomenológica passa a se referir, então, a Husserl, Merleau-Ponty, Scheller, Pfänder, Heidegger, Ricoeur.

Quando se fala em psicopatologia fenomenológico-existencial, na Itália, também se refere ao âmbito médico. A psiquiatria oficial nos países europeus é a biológico-funcionalista, embora notemos, recentemente, um crescimento do interesse pela psicopatologia fenomenológica. Bruno Callieri (★1923 – †2012) é um dos psiquiatras fenomenógos de grande influência na psicopatologia italina.

No *Centro italiano di ricerche fenomenologiche*[219] a presença de Callieri se faz sentir ao lado Eugenio Borgna, Michele Bracco, Remo Bodei, Georges Charbonneau, Federico Leoni, dentre outros.

A Fenomenologia toma o ser humano como unidade de corpo, psique, espírito e núcleo. Uma questão contemporânea é a relação entre o cérebro, a psique e o espírito. E há muitos grupos estudando agora a capacidade cognitiva do cérebro juntamente com a percepção. O problema é como o cérebro em seu funcionamento constitui uma espécie de base para as atividades não cerebrais, enfocando de modo novo a unidade da pessoa humana.[220]

Podemos pesquisar a psique e o espírito analisando o nível corpóreo? Com os estados atuais dos estudos não sabemos, por serem feitos totalmente em separado. Podemos dizer em termos culturais: a posição biológico-funcionalista pretende cuidar apenas do cérebro; a psicanálise afirma a psique; agora busca-se a relação entre os âmbitos, sem invalidar os campos próprios.

Atualmente é um momento de diálogo entre fenomenologia, neurociências e psicologia junguiana, estes últimos interessados na relação psique - espírito.

---

[219] O "Centro Italiano de Pesquisas Fenomenológicas" é dirigido pela própria Prof.a Angela Ales Bello, e é filiado do *The World Phenomenology Institute*.

[220] Cf. ALES BELLO, Angela & MANGANARO, Patrizia (Org.s). ...**e la conscienza?**: fenomenologia, psico-patologia, neuroscienze. Bari (Itália): Laterza, 2012.

V.4. Fenomenologia e existencialismo

A psicopatologia fenomenológica de Binswanger utiliza tanto Husserl quanto Heidegger (como o fazem também alguns italianos e franceses). Na verdade, de um ponto de vista filosófico, não se poderia fazê-lo pois resulta em unir duas perspectivas diferentes. Porém, profissionais conseguem aproveitar um pouco de um e um pouco de outro. Justamente por isso organizamos um livro sobre as fontes existenciais da Psicologia[221] enfocando alguns filósofos e literatos que tematizaram a existência, foram considerados pelos psicopatologistas e que são úteis para um estudo sobre o existencialismo.

A obra trata sobretudo de filósofos que no período entre a Primeira e a Segunda Guerra Mundial e nos pós-guerra da segunda – épocas de crise – enfrentaram o tema da existência, modo dramático: Kiekegaard, Nietzsche, Berdajaev, Hiedegger, Unamuno, Buber, Abbagnano, Arendt, Zambrano, Sartre, Bergson, Le Senne, Marcel entre outros; além de literatos considerados por eles e por muitos também como referência: Leopardi, Dostoevskij, Pirandello, Kafka, Proust, Camus.

Heidegger, enquanto discípulo de Husserl, fala da analítica existencial e quer examinar a existência tomada em si mesma: a ideia de Heidegger era fazer uma análise fenomenológica do fenômeno existência. Isso é justamente

---

[221] DENTONE, Adriana. & DE LUCA, Antonio. (Org.s) **Le fonti esistenziali della psicologia**. Pisa (Itália): ETS, 2006.
Cf. ALES BELLO, Angela. Binswanger tra Husserl e Heidegger. In: SALSA, A. & SCHIAVONE, M. (Org.s). **Autismo schizofrenico**. Bologna: Patron, 1990, pp. 13-19.
ALES BELLO, Angela. Psicopatologia, filosofia, poesia in Ludwig Binswanger. **Segni e comprensione**, Lecce (Itália), n. 55, pp. 70-72, 2005.

o contrário do que Husserl queria fazer. Quando Heidegger encontra Husserl, já possuía uma formação filosófica ligada ao pensamento medieval, daí a importância dada ao tema do ser. Busca manter esse âmbito mas quer examiná-lo de um modo novo. Ele crê ser possível fazer uma análise do ser, mas sendo uma estrutura ontológica, essa análise não é como Husserl e Stein a fizeram – por meio da vivência. Trata-se de outra perspectiva: a questão é a existência.

Em 1927 Heidegger publica o seu famoso livro *Ser e tempo*[222], justamente na na revista de Husserl (*Jahrbuch für Philosophie und phänomenologische Forschung*). E posteriormente, quando a Enciclopédia Britânica convida Husserl a preparar o item "fenomenologia", este passa a incumbência a Heidegger, seu assistente naquele momento. Ao ler o texto de Heidegger, comentou: "isto não é fenomenologia". A partir daquele momento Heidegger se distancia de Husserl, embora ocupe sua cátedra na Universidade de Freiburg depois da morte de Husserl em 1938.

Lembre-se que, em 1933, Stein teve que deixar a cátedra do Instituto de Pedagogia Científica devido a perseguição nazista; mesmo ano em que Heidegger adere ao nazismo. Mais tarde vem a ser nomeado pelo governo nazista como reitor da Universidade de Freiburg, chegando a pronunciar um discurso a favor do Nazismo. De fato, depois da Segunda Guerra Mundial, ele abandona a reitoria quase que imediatamente, e depois foi distanciado da própria universidade justamente por aquela adesão.

Heidegger organizou, de 1959 a 1969, os Seminários de Zollikon sobre a relação entre filosofia e psicopatologia, quando critica Binswanger pela utilização de suas ideias e as de Husserl.

---

[222] HEIDEGGER, Martin. **Ser e tempo**. Tradução de M. Sá Cavalcante. Petrópolis, RJ: Vozes, 1993. 2 v. (Pensamento Humano).

Binswanger tinha reunido primeiramente algumas ideias de Husserl, as questões relacionando vivência à consciência. Posteriormente se interessa pelo tema da existência em Heidegger, distanciando-se de Husserl. Mas, ao estudar melancolia e mania não encontra em Heidegger uma análise que permita compreendê-las, e se reaproxima de Husserl. Isso é interessante do ponto de visa teórico, pois levanta a questão da possibilidade de adentrar a psique através da análise da existência, que permanece somente com existência em si mesma e a psique poderia ser substituída por tonalidades afetivas semelhantes ao que Stein chama de força vital. Esse é um grande problema contemporâneo.

Atualmente, estão surgindo muitos trabalhos comentando esta tonalidade afetiva. Heidegger quer evitar uma interpretação antropologista ou uma interpretação naturalista, como se o ser humano ainda fosse tomado como pertencente à natureza. E é verdade, que os fenomenólogos afirmam que a pessoa é um ser da natureza, porém o examinam por meio da sua vivência (na sua estrutura de natureza). Pode-se dizer que, para Heidegger, natureza é absolutamente diferente de existência: é uma posição ontológica. Trata-se de um discurso filosófico muito refinado, mas vale ressaltarmos o que se refere à questão da psique.

Se a tonalidade afetiva é uma dimensão existencial, como utilizá-la do ponto de vista da psicopatologia? Binswanger, quando estuda Husserl e Heidegger, diz algo mais simples. Heidegger diz que o ser humano é existência no mundo. O conceito de mundo-da-vida é husserliano e Heidegger o expressa com uma denominação diferente. Num primeiro momento, Binswanger não dá ênfase na diferença de perspectiva de antropologia filosófica existente entre os dois: Heidegger apreende o aspecto ontológico-existencial enquanto que Husserl entra na estrutura consciencial das vivências que permitem dizer corpo-psique-espírito. Quando Binswanger se dá conta de que a leitura existencial não permite adentrar fenômenos psíquicos de mania e melancolia, passa a trabalhar para evidenciar a estrutura das vivências psíquicas nos distúrbios.[223]

Binswanger cita Husserl que em *Lógica formal e transcendental*[224] escreve: "o mundo real existe somente na presunção [ou seja, nós precisamos estar seguros] (...) de que a experiência continue no mesmo estilo constitutivo" [225] Isto é, precisamos ter a percepção de uma continuidade de um estilo de experiência; e nesta continuidade, a questão da temporalidade é importantíssima. E a esse respeito Binswanger responde a Heidegger: tonalidade afetiva da angústia como característica da existência que não pode ser absorvida pelo sujeito gera patologia.

Eugenio Borgna, psiquiatra fenomenólogo, escreve um trabalho importante justamente sobre este tema da melancolia[226], seguindo as pegadas de Binswanger. Um dos exemplos interessantes refere-se a uma paciente que procura Binswanger. Ela tinha organizado um passeio com um grupo de amigos e com o marido: vão de trem, mas acontece um acidente em que o marido morre e os outros não. Um elemento importante: o marido havia trocado de lugar com um amigo; e se não tivesse trocado de lugar, seria o amigo a morrer. Ela é acometida por um distúrbio mental grave, culpando-se da morte do marido, facilmente compreensível

---

[223] BINSWANGER, Ludwig. **Melanconia e mania.** Torino: Boringhieri, 1977.

[224] HUSSERL, Edmund. **Logica formale e trascendetale.** Tradução de G. Neri. Bari (Itália): Laterza, 1966.

[225] Citado pelo próprio Binswanger em BINSWANGER, Ludwig. **Melanconia e mania...**, op. cit., p. 24.

[226] BORGNA, Eugenio. **Melanconia.** Milano: Feltrinelli, 1992.

numa relação empática, mas ainda não se chega a identificar o sentido profundo daquele distúrbio. Ele nota que a questão está na impossibilidade de objetivar o futuro: a objetivação do futuro é vazia. Ele diz que também o pensamento sofre com isso; toda a pessoa sofre com essa falta de futuro que é estrutural. Assim, o distúrbio não está ligado àquele acontecimento único separadamente.

Outro caso a que Borgna se refere é de uma pessoa que entra em depressão porque alguém não tinha devolvido para ela certa quantidade de dinheiro. O dinheiro foi devolvido e a doença não passou. Nesse sentido, a doença não estava ligada àquele acontecimento, mas a uma questão estrutural. Para Husserl, trata-se de uma questão estrutural na qual as vivências estão ligadas a estilos de experiências. Segundo Binswanger, pode ser colocada na questão da existência de Heidegger. É um fato existencial, ainda que ele se dê conta de que a descrição da existência de Heidegger não pode ser útil para compreensão daquele fenômeno.

Outro caso interessante é o de um escritor que conseguiu sarar de um estado depressivo, começou a escrever, mas suicidou-se. O distúrbio não estava ligado à contingência, e Binswanger queria mostrar a questão associada à estrutura de personalidade, enquanto que a melancolia está ligada à situação existencial própria. E examina casos de mania em que a questão intersubjetiva é determinante. Para isso são muito importantes os estudos sobre intersubjetividade de Husserl.[227] Assim, aqueles fenomenólogos que se inspiram em Binswanger, mantêm sempre presentes Husserl e Heidegger juntos. Binswanger demonstra que aquela análise

---

[227] HUSSERL, Edmund. **Sur l'intersubjectivité**. Tradução de Natalie Depraz. Paris: PUF, 2001. 2v. (Épiméthée).

corpo-psique-espírito é fundamental para o trabalho com psicopatologia e por isso, não pode ser substituída totalmente pelo tema da existência heideggeriana. Pode-se dizer que Binswanger chega a propor uma antropologia filosófica própria.

Heidegger, nos Seminários de Zollikon, criticou Binswanger por não continuar na sua linha existencial, contrário ao antropologismo husserliano. Mas, a questão fundamental é como se pode entrar nas vivências dos distúrbios; e quanto a isso um ulterior confronto se poderia fazer com a própria Edith Stein, examinando em que medida a sua análise da relação entre psique e espírito pode ser útil para compreender tanto a estrutura do ser humano normal como os casos de patologia.

APÊNDICE
DIMENSÃO ESPIRITUAL E EXPERIÊNCIA RELIGIOSA

O termo "espírito" é culturalmente muito amplo, tem vários significados. Ainda que possa ser usado de muitos modos, existe uma ideia unificante no termo: o fato de não ser matéria.

Vejamos, inicialmente, o significado do termo na religião cristã: há o espírito humano, que é como que alma; a parte espiritual do ser humano é a não-corpórea. E o espírito humano está ligado a outro, o espírito divino. Na nossa tradição podemos também dizer que Deus não é alma; Deus é espírito. De fato, espírito é uma parte da alma humana; não toda a alma. Na tradição católica, temos a Trindade: Deus-Pai, Espírito Santo e Jesus. Podemos distinguir, dentro da divindade, esse momento de espírito.

Além desse significado religioso, podemos também examinar o significado de "espírito" do ponto de vista de um percurso estritamente filosófico: A cultura alemã usa a palavra *Geist* como correspondente a "espírito" na língua latina. Qual é a função de *Geist*? É uma questão múltipla. Uma primeira resposta: *Geist* é atividade espiritual que coloca em contato com o divino. Outra resposta: é atividade do ser humano associada à capacidade de compreender (intelecto) e à vontade. Essas duas atividades são inerentes ao ser humano, e podem ser tomadas em separado ou reunidas. Um exemplo é Hegel[228], para quem toda a realidade é *Geist*, que é razão – também divina – e a matéria é uma manifestação, deriva de *Geist*. Na posição de Hegel somos matéria mas também *Geist*, porque somos parte desse "espírito". Pode-se dizer que *Geist*, enquanto uma razão divina, seja Deus. Em Hegel essa é uma argumentação bastante complexa, em posição distinta da tradição anterior.

Husserl e Stein utilizam o termo *Geist* como atividade espiritual humana. Quais são os atos espirituais? Intelecto e vontade, percepção e atos livres ou espirituais. Essas são as atividades que não têm relação com a dimensão religiosa. Mas, podemos também falar de uma atividade espiritual ligada à dimensão religiosa. Stein desenvolve passo a passo o conceito de núcleo pessoal. Responsável pela identidade, o núcleo pessoal se manifesta no interior de uma realidade constituída por corpo, psique e espírito. Stein dirá depois que nesse núcleo se encontra também a presença do divino[229]; como dizia Santo Agostinho: a verdade habita no interior do homem[230]. A presença do divino, que se manifesta em

---

[228] Cf. HEGEL, Georg Wilhelm Friedrich. **Fenomenologia do espírito**. Tradução de Paulo Meneses. 4a. ed. Petrópolis, RJ: Vozes; Bragança Paulista, SP: Ed. Universitária São Francisco, 2007.

[229] Cf. STEIN, Edith. **Essere finito e Essere eterno**: per uma elevazione al senso dell´essere. Prefácio de L. Gelber, Apresentação di A. Ales Bello, tradução de Luciana Vigone. 4a. ed. Roma: Città Nuova, 1999.

Cf. STEIN, Edith. La struttura ontica della persona e la problemática della sua conoscenza. In STEIN, Edith. **Natura, persona, mística**: per uma ricerca critiana della verità. Tradução di Michele D´Ambra. 2a. ed. Roma: Città Nuova, 1999, pp. 49-113.

Cf. STEIN, Edith. Il castello interiore. In STEIN, Edith. **Natura, persona, mística**: per uma ricerca critiana della verità. Tradução de Anna Maria Pezzella. 2. ed. Roma: Città Nuova, 1999, pp. 115-147.

[230] "Não saias de ti, mas volta para dentro de ti mesmo, a Verdade habita no coração do homem." AGOSTINHO DE HIPONA, Santo. Verdadeira

todas as partes da realidade, é percebida por nós no espírito unido ao corpo e à psique.

Examinando as diversas práticas religiosas, temos evidências disso, mais do que na cultura racional. Quando as pessoas vão às igrejas, geralmente, ajoelham-se: ato do corpo. O que as movem a fazer isso? Qual é o impulso? É o espírito. E como a psique se manifesta? Por meio dos estados e sentimentos vitais. Então, trata-se de um ato voluntário que não dispensa a dimensão psíquica. As pessoas vão à igreja, por quê? Porque lá se sentem bem. Caso se sentissem mal, não iriam. Na Igreja, estão bem por quê? O que encontram? No nível psíquico, se dá qual o sentimento vital? Estou bem: senso de tranquilidade, segurança, paz. Portanto, a dimensão psíquica presente muitas vezes me impulsiona a ir, mas a vontade diz: "Vá, leve o corpo ali". Pode também ser bloqueado: uma pessoa diz "não me dá bem-estar, mas mal-estar", por ter vivido uma experiência negativa no passado, chegando a formular justificações teóricas para o fato de não ir. Esse é o desenvolvimento da experiência religiosa: passa por todas as dimensões da pessoa.

O ateísmo teórico nasce no espírito (realidade do intelecto e da vontade), no entanto, talvez seja precedido por reações psíquicas. Se estudarmos a vida de Sartre ou de Nietzsche, averiguando a experiência infantil deles sobre religião, notaremos que há sentidos de culpa, em que a religião é identificada como um juízo opressor. Nos escritos autobiográficos de Sartre[231] nota-se que a família, através

---

religião. In **Verdadeira religião**; O cuidado devido aos mortos. Tradução de N. de Assis Oliveira. São Paulo: Paulus, 2002, p. 98.

[231] SARTE, Jean-Paul. **Diário de uma guerra estranha**: setembro de 1939 – março de 1940. Tradução de Aulyde Soares Rodrigues e Guilherme João de Freitas Teixeira. 2a. ed. Rio de Janeiro: Nova Fronteira, 2005.

da educação religiosa, impõe restrições; por conseguinte, religião para ele é negação.

Portanto, a religião é uma atividade espiritual: o espírito, dando prosseguimento a sua atividade, se abre em direção ao divino. O espírito está dentro e fora de nós. A meu ver, existe uma estrutura presente em todos os seres humanos. Pode-se negar, mas eu diria que o ateísmo teórico é sinal da liberdade, sinal de que espírito é uma abertura intelectual voluntária: argumentos intelectuais utilizados para dizer um não.

REFERÊNCIAS

AGOSTINHO DE HIPONA, Santo. **A trindade.** Tradução de A. Belmonte. 2a. ed. São Paulo: Paulus, 1995. (Patrística, 7).

AGOSTINHO DE HIPONA, Santo. **Verdadeira religião**; O cuidado devido aos mortos. Tradução de N. A. Oliveira. São Paulo: Paulus, 2002.

ALES BELLO, Angela. **Husserl**: sul problema de Dio. Roma: Studium, 1985.

ALES BELLO, Angela. Binswanger tra Husserl e Heidegger. In SALSA, A. & SCHIAVONE, M. (Org.s). **Autismo schizofrenico.** Bologna: Patron, 1990, pp. 13 - 19.

ALES BELLO, Angela. **Culturas e religiões**: uma leitura fenomenológica. Tradução de A. Angonese. Bauru, SP: EDUSC, 1998.

ALES BELLO, Angela. **A fenomenologia do ser humano**: traços de uma filosofia no feminino. Tradução de A. Angonese. Bauru, SP: Edusc, 2000.

ALES BELLO, Angela. Edith Stein: intima scientia. In ALICI, L., PICCOLOMINI, R. & PIERETTI, A. (Org.s). **Esistenza e libertà**: Agostino nella filosofia del Novecento. Vol. 1. Roma: Città Nuova, 2000, pp. 73 - 85.

ALES BELLO, Angela. Il teismo nella fenomenologia : Edmund Husserl e Edith Stein a confronto. In ALES BELLO, A. (Org.) **Pensare Dio a Gerusalemme**: filosofia e monoteismi a confronto. Roma: Lateran Universtiy Press. 2000, pp. 279 - 296.

ALES BELLO, Angela. Analisi fenomenologica dell'empatia. In GAROFALO, A. & DEL PISTOIA, L. (Org.s) **Sul comprendere psicopatologico**. Pisa: ETS, 2003, pp. 65 - 78.

ALES BELLO, Angela. **L'universo nella coscienza**: introduzione alla fenomenologia di Edmund Husserl, Edith Stein, Hedwig Conrad-Martius. Pisa: ETS, 2003.

ALES BELLO, Angela. **Fenomenologia e ciências humanas**: psicologia, história e religião. Tradução e edição de Miguel Mahfoud e Marina Massimi. Bauru, SP: Edusc, 2004.

ALES BELLO, Angela. **Edmund Husserl**: pensare Dio, credere in Dio. Padova. Il Messaggero, 2005.

ALES BELLO, Angela. Persona e Stato in Edith Stein. In AA. VV. **Edith Stein**: una vita per la verità. Roma: Edizione OCD, 2005, pp. 73 - 90.

ALES BELLO, Angela. Phenomenological hyletics and the lifeworld. In TYMIENIECKA, A. T. (Org.). **Phenomenology of life**: meeting the chalenges of the present-day world. Dordrecht: Kluwer Academic Publishers, 2005, pp. 293 - 301. (Analecta Husserliana, LXXXIV).

ALES BELLO, Angela. Psicopatologia, filosofia, poesia in Ludwig Binswanger. **Segni e comprensione**. Lecce (Itália), n. 55, pp. 70 - 72, 2005.

ALES BELLO. Angela. **Introdução à fenomenologia**. Tradução de Ir. Jacinta Turolo Garcia e Miguel Mahfoud, edição de Miguel Mahfoud com figuras de Silvio Motta Maximino. Bauru, SP: Edusc, 2006.

ALES BELLO, Angela. Prefácio. In MAHFOUD, Miguel & MASSIMI, Marina (Orgs.). **Edith Stein e a psicologia**: teoria e pesquisa. Belo Horizonte: Artesã, 2013, pp. 9 – 13.

ALES BELLO, Angela. **Edith Stein**: a paixão pela verdade. Tradução de José Queiroz, Apresentação Ir. Jacinta Turolo Garcia, Márcio Luiz Fernandes, Clélia Peretti. Curitiba: Juruá, 2014.

ALES BELLO, Angela, BASTI, G. & PEZZELLA, A. M. (Org.s). **L'avventura educativa**: antropologia, pedagogia, scienze. Città del Vaticano: Lateran University Press, 2013.

ALES BELLO, Angelo & CHENAUX, Philippe (Org.s). **Edith Stein e il nazismo**. Roma: Città Nuova, 2005.

ALES BELLO, Angela. & DE LUCA, Antonio. (Org.s). **Le fonti fenomenologiche della psicologia**. Pisa (Itália): ETS, 2005.

ALES BELLO, Angela & MANGANARO, Patrizia. (Org.s). **...e la conscienza?**: fenomenologia, psico-patologia, neuroscienze. Bari (Itália): Laterza, 2012

ARISTÓTELES. **Metafísica**. Introdução de Giovanni Reale, tradução de Marcelo Perine. 3a. ed. São Paulo: Loyola, 2011.

ARISTÓTELES. **Ética a Nicômaco**. Tradução de Edson Bini. 3a. ed. Bauru, SP: Edipro, 2013.

BINSWANGER, Ludwig. **Grundformen und Erkentnis dês menschilichen Daseins**. 5a. ed. München: Ernst Reinhart Verlag, 1973.

BINSWANGER, Ludwig. **Melanconia e mania**. Torino: Boringhieri, 1977.

BORGNA, Eugenio. **Melanconia**. Milano: Feltrinelli, 1992.

COMTE, Auguste. **Curso de filosofia positiva**; Discurso preliminar sobre o conjunto do positivismo; Catecismo positivista. Tradução de José Arthur Giannotti e Miguel Lemos. São Paulo: Nova Cultura, 1988. (Os pensadores).

DENTONE, Adriana. & DE LUCA, Antonio. (Org.s) **Le fonti esistenziali della psicologia**. Pisa (Itália): ETS, 2006.

DESCARTES, René. **Discurso do método**. Comentários de D. Huisman. Prefácio de G. Rodis-Lewis, tradução de E. M. Marcelina. Brasília: Universidade de Brasília; São Paulo: Ática, 1989.

GHIGI, Nicoletta. A hilética na fenomenologia: a propósito de alguns escritos de Angela Ales Bello. **Memorandum**, Belo Horizonte, n. 4, pp. 48 - 60, 2003. Disponível em www.fafich.

ufmg.br/~memorandum/artigos04/ghigi01.htm, acesso em 02 fevereiro 2015.

HEGEL, Georg Wilhelm Friedrich. **Fenomenologia do espírito**. Tradução de Paulo Meneses. 4a. ed. Petrópolis, RJ: Vozes; Bragança Paulista, SP: Ed. Universitária São Francisco, 2007.

HEIDEGGER, Martin. Vorlesungen zur Phänomenologie des innren Zeitbewusstseins. **Jahrbuch für Philosophie und phänomenologische Forschung**, Freiburg, v. IX, pp. 367-490, 1928.

HEIDEGGER, Martin. **Ser e tempo**. Tradução de M. Sá Cavalcante. Petrópolis, RJ: Vozes, 1993. 2 v. (Pensamento Humano).

HUSSERL, Edmund. **Logica formale e trascendetale**. Tradução de G. Neri. Bari (Itália): Laterza, 1966.

HUSSERL, Edmund. **Vorlesungen über Ethik und Wertlehre. 1908-1914**. Editoração de Ullrich Melle. The Hague, Netherlands: Kluwer Academic Publishers, 1988. (Husserliana, XXVIII).

HUSSERL, Edmund. **Lezioni sulla sintesi passiva**. Tradução de V. Costa. Milano: Guerini, 1993.

HUSSERL, Edmund. **Lições para uma fenomenologia da consciência interna do Tempo**. Tradução, introdução e notas de Pedro M. S. Alves. Lisboa: Imprensa Nacional; Casa da Moeda, 1994.

HUSSERL, Edmund. **Esperienza e giudizio**: ricerche sulla genealogia della logica. Tradução de F. Costa e L. Samonà. Milano: Bompiani, 1995.

HUSSERL, Edmund. **Fenomenologia e teoria della conoscenza**. Introdução, tradução e notas de P. Volonté. Milano: Bompiani, 2000.

HUSSERL, Edmund. **Sur l'intersubjectivité**. Tradução de Natalie Depraz. Paris: PUF, 2001. 2v. (Épiméthée).

HUSSERL, Edmund. **Idee per una fenomenologia pura e una filosofia fenomenologica**. Vol. II, Livro II e III. Editoração de V. Costa, tradução de E. Filippini. Torino: Einaudi, 2002.

HUSSERL, Edmund. **Zur phänomenologischen Reduktion**: texte aus dem Nachlass (1926-1935). Editoração de Sebastian Luft. Dordrecht, Netherlands: Kluwer Academic Publishers, 2002. (Husserliana, XXXIV).

HUSSERL, Edmund. **Fenomenologia e psicologia**. Tradução e editoração de Anna Donise. Napoli (Itália): Filema, 2003.

HUSSERL, Edmund. **Einleitung in die Ethik**: Vorlesungen Sommersemester 1920 und 1924. Edição de Henning Peucker. Dordrecht, Netherlands: Kluwer Academic Publishers, 2004. (Husserliana, XXXVII).

HUSSERL, Edmund. **Investigações lógicas**. Primeiro volume: Prolegómenos à lógica pura. Tradução de Diogo Ferrer. Lisboa: Centro de Filosofia da Universidade de Lisboa, 2005. (Phainomenon: Clássicos de fenomenologia).

HUSSERL, Edmund. **Sínteses activas**: a partir da lição Lógica transcendental de 1920/21. Tradução de Carlos Aurélio Morujão. Lisboa: Centro de Filosofia da Universidade de Lisboa, 2005. (Phainomenon: Clássicos de fenomenologia).

HUSSERL, Edmund. **Idéias para uma fenomenologia pura e uma filosofia fenomenológica**: introdução geral à fenomenologia pura. Prefácio de Carlos Alberto Ribeiro de Mouro, tradução de M. Suzuki. Aparecida, SP: Idéias & Letras, 2006.

HUSSERL, Edmund. **Investigações lógicas**. Segundo volume, parte I: Investigações para a fenomenologia e a teoria do conhecimento. Tradução de Pedro M. S. Alves e Carlos Aurélio Morujão. Lisboa: Centro de Filosofia da Universidade de Lisboa, 2007. (Phainomenon: Clássicos de fenomenologia).

HUSSERL, Edmund. **Investigações lógicas**. Segundo volume, parte II: Investigações para a fenomenologia e a teoria do conhecimento. Tradução de Carlos Aurélio Morujão. Lisboa: Centro de Filosofia da Universidade de Lisboa, 2007. (Phainomenon: Clássicos de fenomenologia).

HUSSERL, Edmund. **A crise das ciências europeias e a fenomenologia transcendental**: uma introdução à filosofia fenomenológica. Tradução de Diogo Falcão Ferrer. Rio de Janeiro: Forense Universitária, 2012.

HUSSERL, Edmund. **Meditações cartesianas**: introdução à fenomenologia. Prefácio de Márcio Pugliesi; tradução de Frank de Oliveira. São Paulo: Madras, 2012.

JASPERS, Karl. **Psicopatologia geral**. Tradução de Samuel Penna Reis. São Paulo: Atheneu, sem data. 2v.

MAHFOUD, Miguel & MASSIMI, Marina (Org.s). **Edith Stein e a psicologia**: teoria e pesquisa. Belo Horizonte: Artesã, 2013.

MANGANARO, Patrizia. A psiquiatria fenomenológico-existencial na Itália. **Memorandum**, Belo Horizonte, n. 10, pp. 85-92, 2006. Disponível em www.fafich.ufmg.br/~memorandum/a10/manganaro05.htm. Acesso em: 01 agosto 2014.

MANGANARO, Patrizia. Desenvolvimentos da fenomenologia nos Países Baixos. **Memorandum**, Belo Horizonte, n. 7, pp. 8-17, 2005. Disponível em www.fafich.ufmg.br/~memorandum/artigos07/manganaro02.htm. Acesso em: 01 de agosto 2014.

MANGANARO, Patrizia. Desenvolvimentos da fenomenologia nos Estados Unidos da América e na Grã-Bretanha. **Memorandum**, Belo Horizonte, n. 8, pp. 72-78, 2005. Disponível em: www.fafich.ufmg.br/~memorandum/artigos08/manganaro03.htm.

MARCEL, Gabriel. **Les hommes contre l'humain**. Paris: La Colombe, c1951.

MARCEL, Gabriel. **Homo viator**: prolegomenes a une metaphysique de l'esperance. Paris: Aubier, c1944, impressão 1963.

MARCEL, Gabriel. **Il mistero dell'essere**. Tradução de G. Bissaca. Torino: Borla, 1970.

MARITAIN, Jacques. **Os direitos do homem e a lei natural**. 3a. ed. Tradução de A. Coutinho. Rio de Janeiro: José Olympio, 1967.

MOUNIER, Emmanuel. **O personalismo**. Tradução de J. B. da Costa. 2a. ed. São Paulo: Duas Cidades, 1964.

SARTE, Jean-Paul. **Diário de uma guerra estranha**: setembro de 1939 - março de 1940. Tradução de Aulyde Soares Rodrigues e Guilherme João de Freitas Teixeira. 2a. ed. Rio de Janeiro: Nova Fronteira, 2005.

STEIN, Edith. **Il problema dell'empatia**. Introdução e notas de E. Costantini, Apresentação de P. Valori, tradução de E. Costantini e E. S. Costantini. Roma: Studium, 1985.

STEIN, Edith. La filosofia esistenziale di Martin Heidegger. In STEIN, Edith. **La ricerca della verità**: dalla fenomenologia alla filosofia Cristiana. 2a. ed. Roma: Città Nuova. 1997, pp. 153 – 226.

STEIN, Edith. **A mulher**: sua missão segundo a natureza e graça. Tradução de A. J. Keller. Bauru, SP: Edusc, 1999.

STEIN, Edith. **Essere finito e Essere eterno**: per uma elevazione al senso dell´essere. 4a. ed. Prefácio de L. Gelber, Apresentação de A. Ales Bello, tradução de Luciana Vigone. Roma: Città Nuova, 1999.

STEIN, Edith. La struttura ontica della persona e la problematica della sua conoscenza. In STEIN, Edith. **Natura, persona, mistica**: per una ricerca cristiana della verità. Tradução de Michele D'Ambra. 2a ed. Roma: Città Nuova, 1999, pp. 49 - 113.

STEIN, Edith. **O mistério do natal**. Tradução de Hermano José Cürten. Bauru, SP: Edusc, 1999.

STEIN, Edith. **Psicologia e scienze dello spirito**: contibuti per una fondazione filosofica. Apresentação di A. Ales Bello, tradução de A. M. Pezzella. Roma: Città Nuova, 1999.

STEIN, Edith. **Storia di uma famiglia ebrea**: lineamenti autobiografici: l´ininfanzia e gli anni giovanili. Tradução de B. Venturi. Roma: Città Nuova, 1999.

STEIN, Edith. Sull'idea di formazione. In STEIN, E. **La vita come totalità**: scritti sull'educazione religiosa. Tradução de T. Franzosi. 2a. ed. Roma: Città Nuova, 1999, pp. 21-36.

STEIN, Edith. **Uma ricerca sullo Stato**. Tradução de A. Ales Bello. Roma: Città Nuova, 1999.

STEIN, Edith. **La struttura della persona umana**. Tradução de Michelle D'Ambra. Roma: Città Nuova, 2000.

STEIN, Edith. **Introduzione alla filosofia**. Tradução de Anna Maria Pezzella. Roma: Città Nuova, 2001.

STEIN, Edith. **Potenza e atto**: studi per uma filosofia dell'essere. Tradução de A. Caputo. Roma: Città Nuova, 2003.

Este livro foi composto com tipografia Bembo e impresso em papel Off-Set 90g. na Gráfica e Editora Del Rey.